Helvete

Dr. Jaerock Lee

1 Blodet som drypper fra de mangfoldige sjeler som ikke ble frelst og som blir forferdelig torturert formerer en uendelig flytende elv.

2 Forferdelig stygge budbringere fra helvete har ansikter som likner mennesker eller i likhet med forskjellige stygge og skitne dyr.

3 På elvebredden av elven med blodet finnes det mange barn som lider og som er fra 6 år gamle til like før puberteten. Ifølge hvor syndige de er, blir kroppene deres begravd dypt inn i søla og i nærheten av den blodige elven.

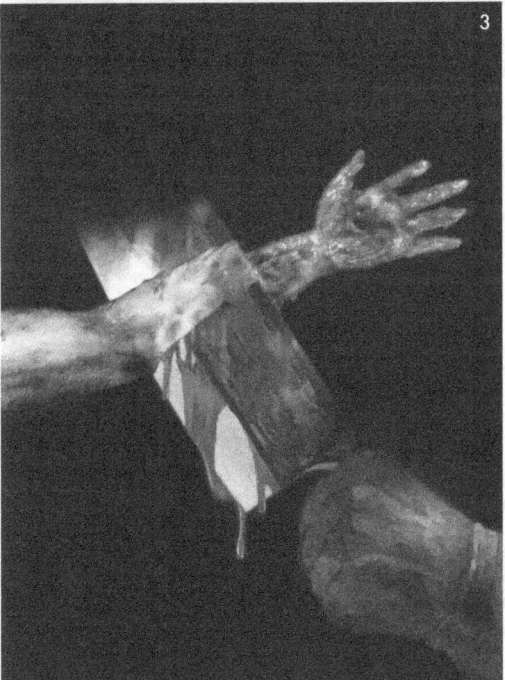

1 En forferdelig lukt av kloakk blir fylt med mangfoldige uhyggelige insekter og disse insektene vil knaske på kroppene til sjelene som ikke kan komme seg ut av dette bassenget. Disse insektene vil gjennombore seg inn i kroppene deres og gjennom deres maver.

2,3 Fra en liten dolk til en øks, vil en forferdelig stygg budbringer fra helvete som likner en gris forberede mange forskjellige redskap for tortur. Budbringerne fra helvete vil skjære kroppen til sjelen som er fortøyd til et tre, inn i biter.

En brennende ildfull kjele som er fylt med en forferdelig lukt og kraftig kokende væske. De fordømte sjelene som før var mann og kone blir dyppet inn i kjelen, en av gangen. Mens en sjel blir torturert, vil den andre be om at deres ektefelles straff skal vare lenger.

Med deres munn vidt åpen og visning av deres skarpe tenner, vil mangfoldige insekter jage etter sjelene som klatrer opp klippen. De skremte sjelene blir øyeblikkelig dekket med insektene og faller ned på bakken.

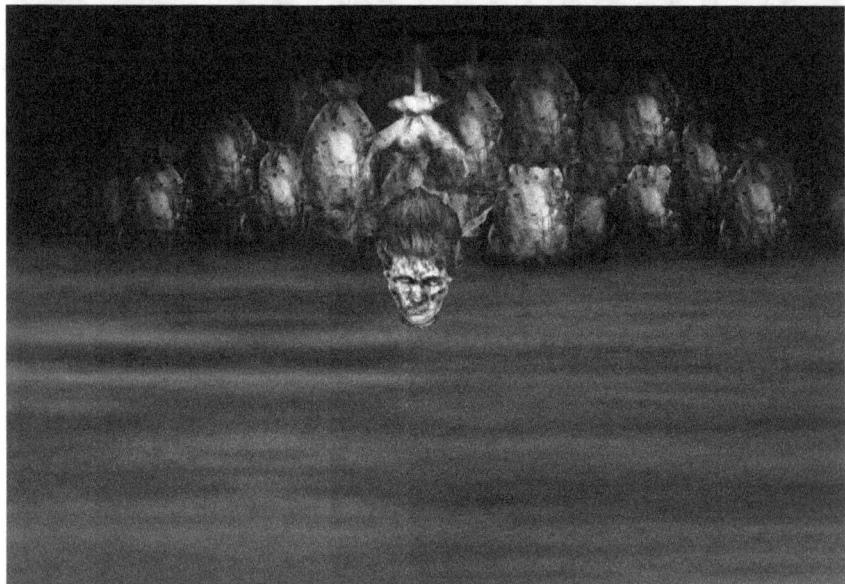

Utallige skrekkelige sorte hoder til de som fulgte ham og som satte seg opp imot Gud biter voldsomt hele kroppen til opprøreren med deres skarpe tenner. Torturen er fremdeles større enn det å bli bitt av insekter eller revet i stykker av udyrene.

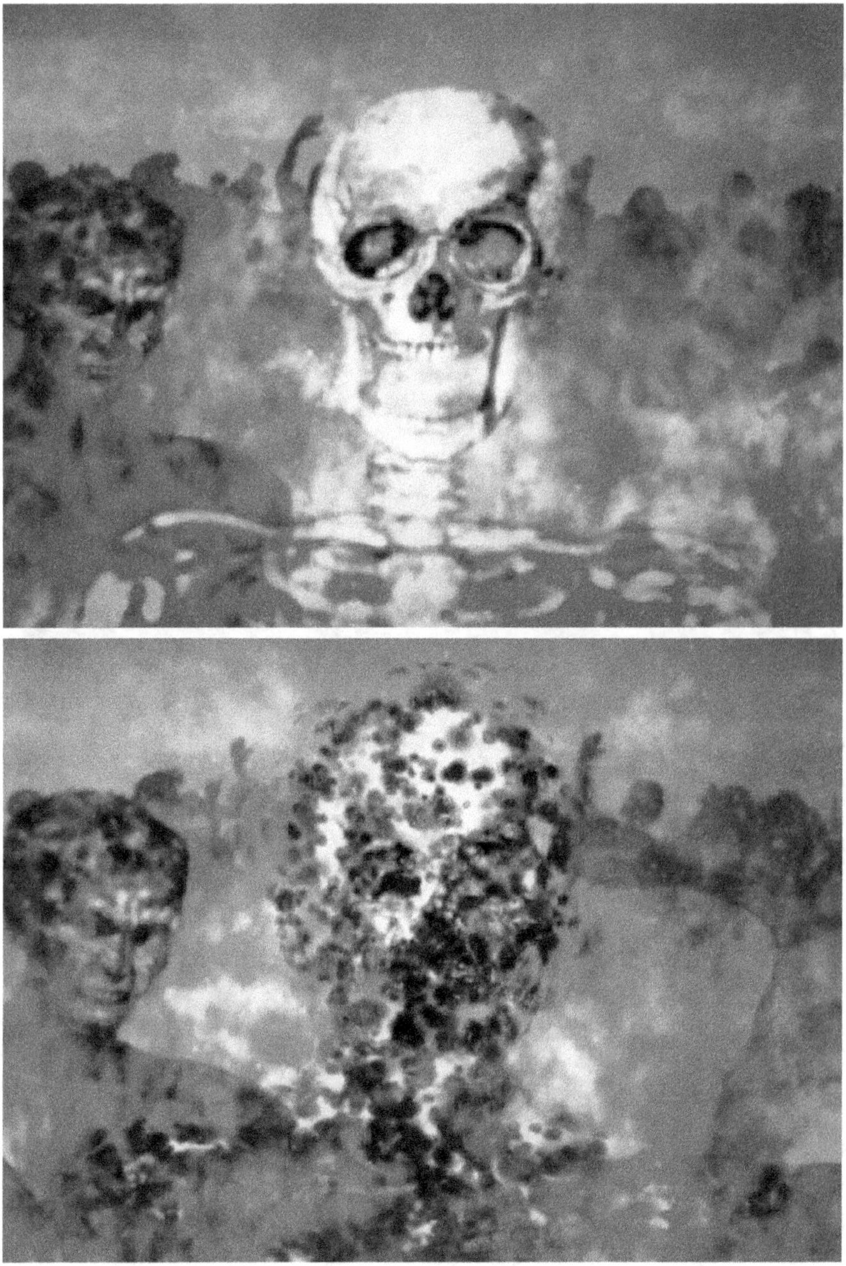

Sjelene som blir kastet inn i tjernet med ilden vil hoppe opp i smerter og skrike høyt ut. Deres skottende øyne blir fryktelig blodskutte, og hjernene deres vil eksplodere og flytende væske vil renne ut.

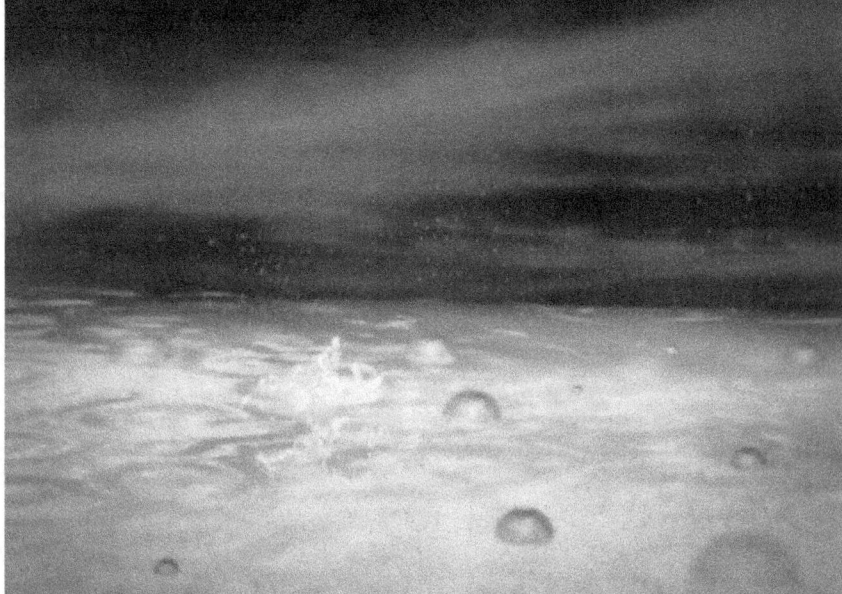

Tenk på hvis noen må drikke en væske med smeltet jern fra en ildvarm ovn, da vil hans indre organer brenne seg. Sjelene som blir kastet inn i tjernet med den brennende svovel kan ikke engang jamre eller tenke, men er bare undertrykket av smerter.

"Men det skjedde at den fattige døde,
og at han ble båret bort av engler i Abrahams fang;
men også den rike døde og ble begravet.
Da han slo sine øyne opp i dødsriket, der han var i pine,
da ser han Abraham langt borte og Lasarus i hans fang.
Da ropte han:
'Fader Abraham! forbarm deg over meg og send Lasarus,
for at han kan dyppe det ytterste av sin finger
i vann og svale min tunge! for jeg pines storlig i denne lue.'
Men Abraham sa: 'Sønn! kom i hu at du fikk ditt gode i din levetid,
og Lasarus likeså det onde! men nu trøstes han her, og du pines.
Og dessuten er et stort svelg festet mellom oss og dere,
for at de som vil gå herfra og over til dere,
ikke skal kunne det,
og for at heller ikke de på
den andre side skal fare derfra og over til oss.'
Da sa han: 'Så ber jeg deg, fader,
at du sender ham til min fars hus,
for jeg har fem brødre – for at han kan vitne for dem,
så ikke også de skal komme til dette pinens sted.'
Men Abraham sier til ham: 'De har Moses og profetene;
la dem høre dem!'
Men han sa: 'Nei, fader Abraham!
men om noen fra de døde kommer til dem, da omvender de seg.'
Men han sa til ham: 'Hører de ikke Moses og profetene,
da vil de heller ikke tro om noen står opp fra de døde.'"

Lukas 16:22-31

Helvete

*[I helvete] dør ikke deres ormer, og ilden blir ikke slukket.
For alle vil bli saltet med ilden.*
(Markus' evangeliet 9:48-49)

Helvete

Dr. Jaerock Lee

Helvete av Dr. Jaerock Lee
Utgitt av Urim Bøkene (Repræsentant: Kyungtae Noh)
73, Yeouidaebang-ro 22-gil, Dongjak-gu, Seoul, Korea
www.urimbooks.com

Alle rettigheter forbeholdt. Denne boken og deler av den kan ikke bli kopiert i noen som helst form, oppbevart i et oppbevaringssystem, eller overført i noen som helst form eller på noen som helst måte, elektronisk, mekanisk, fotokopi, innspilt eller på noen annen måte uten skriftlig tillatelse fra forlaget.

Copyright © 2016 av Dr. Jaerock Lee
ISBN: 979-11-263-0096-9 03230
Oversettelses Copyright © 2009 av Dr. Esther K. Chung. Brukt ved tillatelse.

Tidligere utgitt i Korea i 2002 av Urim Bøkene i Seoul, Korea.

Først Utgitt i april 2016

Redigert av Dr. Geumsun Vin
Planlagt av Urim Bøkenes Redigerings Byrå
Utskrevet av Prione Trykkeri
For mer informasjon, henvend deg til: urimbook@hotmail.com

Forord

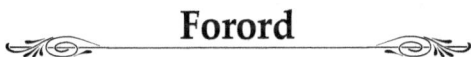

Jeg håper at denne boken vil tjene som livets brød og vil vise mangfoldige sjeler til det vakre himmelrike ved å tillate dem å forstå Guds kjærlighet som vil at alle mennesker skal motta frelse....

Når folk i dag hører om himmelrike og helvete, vil de fleste reagere negativt, og si, "Hvordan kan jeg tro på en slik ting nå for tiden med disse dagers vitenskapelige sivilisasjon?" "Har du noen gang vært i himmelrike og helvete?" eller "Du vil kjenne til disse tingene bare etter at du dør."

Du må vite på forhånd at det er liv etter døden. Det er altfor sent når du ligger for døden. Etter at du tar ditt siste åndedrag, vil du aldri ha en annen sjanse til å leve livet om igjen. Bare Guds Dommedag, hvor du vil høste det du har sådd her i verden, venter på deg.

Gjennom Bibelen, har Gud allerede vist oss veien til frelse,

Helvete

tilværelsen av himmelrike og helvete, og Dommedagen som vil skje ifølge Guds ord. Han åpenbarte vidunderlige undere fra Hans makt gjennom mange profeter fra det Gamle Testamentet og Jesus.

Selv i dag, viser Gud deg at Han lever og at Bibelen er sann ved å åpenbare mirakler, tegn, og andre vidunderlige arbeid fra Hans makt som er skrevet ned i Bibelen gjennom Hans mest lojale og trofaste tjenere. Til tross for overveldende bevis om Hans arbeide, finnes det likevel ikke-troende. Slik har Gud vist Hans barn om himmelrike og helvete, og oppfordret dem til å gi vitnesbyrd for hva de har sett rundt omkring hele verden.

Kjærlighetens Gud avslørte også for meg om himmelrike og helvete i detaljer og anmodet meg til å bekjentgjøre budskapet over hele jordkloden siden Kristus Andre Ankomst har nærmet seg.

Når jeg leverte budskapene om de miserable og forferdelige scenene i det Laveste Dødsiket som tilhørte helvete, så jeg at mye av min menighet skalv av lidelse og brøt ut i tårer for sjelene som hadde kommet inn i forferdelige og ondskapsfulle straffer i det Lavere Dødsriket.

Forord

Ufrelsede sjeler oppholder seg i det Lavere Dødsriket helt til Dommen av den Store Hvite Tronen finner sted. Etter Dommen, vil de ufrelsede sjelene enten falle inn i tjernet med ilden eller tjernet med den brennende svovelen.

Straffene i tjernet med ilden eller tjernet med den brennende svovelen er mye mere grusom enn straffene i det Lavere Dødsriket.

Jeg skriver om hva Gud har vist meg gjennom den Hellige Ånds arbeide som er basert på Guds ord ifra Bibelen. Denne boken kan bli kalt et budskap med ekte kjærlighet fra vår Gud Fader som så gjerne vil frelse så mange mennesker som mulig fra syndene ved å la dem på forhånd vite om den evige forferdelsen i helvete.

Gud har gitt Hans egen Sønn for å dø på korset for å frelse alle mennesker. Han vil også forhindre alle sjeler fra å falle inn i det elendige helvete. Gud betrakter en sjel som mere verdifull enn hele verden, og Han er derfor veldig lykkelig og tilfredstilt, og feirer med de himmelske vertene og englene når en er frelst i troen.

Jeg gir all æren og takknemligheten til Gud som har ledet

meg til å utgi denne boken. Jeg håper at du vil kunne forstå Guds hjerte, han som ikke vil miste en eneste sjel til helvete, og at du vil få en sann tro. Videre anbefaler jeg at du iherdig bekjentgjør evangeliet til alle de sjelene som går i all hast mot helvete.

Jeg takker også Urim Bøkene og deres ansatte blant annet Geumsun Vin, Direktøren for Redaksjonsbyrået. Jeg håper at alle leserne vil innse at det virkelig finnes et evig liv etter døden og Dommen, og motta den perfekte frelse.

Jaerock Lee

Innledning

Be om at mangfoldige sjeler vil forstå elendigheten i helvete, angre, snu seg tilbake fra dødens vei, og bli frelst...

Den Hellige Ånd inspirerte Pastoren Dr. Jaerock Lee, Øverste Presten fra Manmin Joong-ang Kirken til å lære om livet etter døden og det forferdelige helvete. Vi har samlet på alle hans beskjeder og har i dag utgitt *Helvete* slik at mangfoldige mennesker vil kunne lære om helvete med klarhet og nøyaktighet. Jeg gir all æren og takknemligheten til Gud.

Mange mennesker idag er veldig nysgjerrige på livet etter døden, men det er umulig for oss å få noe svar med våre begrensede kapasiteter. Denne boken er en klar og omfattende forklaring om helvete, som delvis har blitt avslørt til oss i Bibelen. *Helvete* inneholder ni kapitler.

1. kapittel "Er det Virkelig et Himmelrike og et Helvete?" er en beskrivelse om en generell oppbygning av himmelrike og helvete. Gjennom lignelsen mellom den rike mannen og tiggeren Lazarus i Lukas' evangeliet 16, er det forklart om det Øverste Dødsriket – hvor de frelsede sjelene fra de Gamle Testamentets tider hadde ventet – og det Lavere Dødsriket – hvor de ikke frelsede sjelene blir torturert helt til den Store Dommedagen.

I 2. kapittel "Frelsens Vei for De Som Aldri Har hørt om Evangeliet" er oppfatningen om samvittigheten diskutert. Spesielle forhold vedrørende dommen blir også beskrevet: Ufødte foster fra abort eller spontanabort, barn fra fødsel til fem års alderen, og barn fra alderen seks til før tenårsalderen.

3. kapittel "Det Lavere Dødsriket og Identiteten til Helvetes Budbringer" utformer i detalje et ventested i det Lavere Dødsriket. Mennesker, etter døden, oppholder seg på et ventested i det Lavere Dødsriket i tre dager og er så sendt til to forskjellige steder i det Lavere Dødsriket ifølge hvor mye synd de har, og blir grusomt mishandlet der til Dommen til den Store Hvite Tronen ankommer. Identiteten til den onde ånden som styrer det Lavere Dødsriket er også forklart.

Innledning

4. kapittel "Straffene I det Lavere Dødsriket for Ufrelsede Barn" vitner til at selv noen umodne barn som ikke kan se forskjell på hva som er riktig og hva som er galt ikke mottar frelse. Forskjellige slags straffelser som er påført barna er kategorisert i aldersgruppe: straff for fostere og spedbarn, lite barn, barn i alderen fra tre til fem, og barn fra alderen seks til tolv.

5. kapittel "Straffelser for Mennesker Som Dør etter Puberteten," forklarer om straffen som blir ført på mennesker som er eldre enn tenåringer. Sraff for alle som er stort sett over tretten års alderen er delt opp i fire kategorier ifølge hvor mye synd de har. Jo mer alvorlig menneskenes synder er, jo mere straff vil de få.

6. kapittel "Straffene for å Gudsbespotte den Hellige Ånd," minner leserne om at akkurat som det er skrevet i Bibelen, er det visse utilgivelige synder som du ikke kan vende deg bort ifra. Kapittelet beskriver også forskjellige slags straffer gjennom detaljerte eksempler.

7. kapittel "Frelse under den Store Prøvelsen" advarer oss at vi lever i slutten av en periode og at Herrens ankomst nærmer seg. Dette kapittelet forklarer i detalje hva som vil skje ved Kristus

Ankomst, og om menneskene som blir forlatt under Prøvelsen og som bare kan motta frelse gjennom martyrdød. Det presser deg også til å forberede deg som Herren Jesus vakre brud, slik at du kan være med på den Syv-år lange Bryllups festmiddagen, og for å unngå å bli forlatt etter Bortføringen. 8. kapittel "Straffelsene i Helvete etter den Store Dommen," forklarer i detaljer om Dommen på slutten av Århundre, hvordan de ufrelsede sjelene vil bli flyttet til helvete fra det Lavere Dødsrike, bli starffet på forskjellige måter, og skjebnen til de onde åndene og deres straffer. 9. kapittel "Hvorfor Skapte Kjærlighetens Gud Helvete?" forklarer om Guds overveldende og flommende kjærlighet, som ble demonstrert gjennom ofringen av Hans eneste Sønn. Det siste kapittelet forklarer i detaljer hvorfor denne kjærlighetens Gud måtte lage helvete.

Helvete oppmuntrer deg også til å forstå kjærlighetens Gud som vil at alle sjeler skal motta frelse og holde seg oppmerksom i troen. *Helvete* slutter ved å anbefale deg til å føre så mange sjeler som mulig til frelse.

Innledning

Gud er full av barmhjertighet og medlidenhet, og selve kjærligheten. Idag, med farens hjerte som venter på at hans gavmilde sønn skal komme tilbake, venter Gud veldig alvorlig på at alle tapte sjeler skal bli kvitt deres synder og motta frelse.

Derfor håper jeg inderlig at mangfoldige sjeler rundt omkring i verden vil forstå og innse at dette elendig helvete virkelig eksisterer, og kommer seg tilbake til Gud ganske snart. Jeg ber også i Jesus Kristus navn at alle de som tror på Herren vil holde seg selv oppmerksomme og våkne, og føre så mange mennesker som mulig til himmelen.

Geumsun Vin
Direktøren for Redaksjonsbyrået

Innehold

Forord

Innledning

1. kapittel –

Er det Virkelig et Himmelrike og et Helvete? • 1

1. Himmelrike og Helvete Eksisterer Virkelig
2. Lignelsen av den Rike Mannen og Tiggeren Lazarus
3. Oppbyggingen av Himmelrike og Helvete
4. Det Øverste Dødsriket og Paradiset
5. Det Lavere Dødsriket, et Ventested På Vei Til Helvete

2. kapittel –

Frelsens Vei for De Som Aldri Har hørt om Evangeliet • 25

1. Samvittighetens Oppfatning
2. Ufødte Spedbarn fra Abort eller Spontanabort
3. Barn fra Fødsel til Fem Års Alderen
4. Barn fra Seks Års Alderen til Før Tenårings alderen
5. Var Adam og Eva Frelst?
6. Hva Skjedde med den Første Morderen Kain?

3. kapittel –

Det Lavere Dødsriket og Identiteten til Helvetes Budbringer • 57

1. Helvetes Budbringere Tar Mennesker til det Lavere Dødsriket
2. Et Ventested for Verdenen med de Onde Åndene
3. Forskjellige Straffer i det Lavere Dødsriket for forskjellige Synder
4. Lusifer har ansvaret for det Lavere Dødsriket
5. Identiteten til Helvetes Budbringere

4. kapittel –

Straffene I det Lavere Dødsriket for Ufrelsede Barn • 75

1. Foster og Spedbarn
2. Små Barn
3. Barn som er Gamle Nok til å Gå og Snakke
4. Barn i Alderen fra seks til Tolv
5. Ungdom Som gjorde narr av Profeten Elias

5. kapittel –

Straffelser for Mennesker Som Dør etter Puberteten • 93

1. Det Første Nivået med Straff
2. Det Andre Nivået med Straff
3. Straffen for Farao
4. Det Tredje Nivået med Straff
5. Straffen for Pontius Pilatus
6. Straffen for Saulus, den Første Kongen i Israel
7. Det Fjerde Nivået med Straff for Judas Iscariot

6. kapittel –

Straffene for å Gudsbespotte den Hellige Ånd • 137

1. Lide i en Kjele med Kokende Væske
2. Klatre Opp en Loddrett Fjellvegg
3. Brendt i Munnen med et Varmt Jern
4. Forferdelig Store Torturerende Maskiner
5. Bundet Til en Trestamme

7. kapittel –

Frelse under den Store Prøvelsen • 167

1. Kristus Ankomst og Bortføringen
2. De Syv Årene med Store Prøvelser
3. Martyrdøden Under den Store Prøvelsen
4. Kristus Annen Ankomst og Århundre
5. Forberede Seg Til å Bli Herrens Vakre Brud

8. kapittel –

Straffelsene i Helvete etter den Store Dommen • 191

1. Ufrelsede Sjeler som Faller Inn i Helvete Etter Dommen
2. Tjernet med Ilden & Tjernet med den Brennende Svovelen
3. Noen Forblir i det Lavere Dødsriket Selv Etter Dommen
4. Onde Ånder Skal Bli Begrenset til Abyssen
5. Hvor Vil Djevelen Havne?

9. kapittel –

Hvorfor Skapte Kjærlighetens Gud Helvete? • 225

1. Guds Tålmodighet og Kjærlighet
2. Hvorfor Måtte Kjærlighetens Gud Skape Helvete?
3. Gud Vil At Alle Mennesker Skal Motta Frelse
4. Spre Evangeliet med Modighet

1. kapittel

Er det Virkelig et Himmelrike og et Helvete?

1. Himmelrike og Helvete Eksisterer Virkelig
2. Lignelsen av den Rike Mannen og Tiggeren Lazarus
3. Oppbyggingen av Himmelrike og Helvete
4. Det Øverste Dødsriket og Paradiset
5. Det Lavere Dødsriket, et Ventested På Vei Til Helvete

"Han svarte og sa til dem:
Fordi dere er det gitt å få vite himlenes rikes
hemmeligheter; men dem er det ikke gitt.'"
- Matteus 13:11 -

"Og om ditt øye frister deg, da riv det ut!
det er bedre at du går en øyet inn i Guds rike enn
at du har to øyne og kastes i helvete."
- Markus 9:47 -

De fleste mennesker rundt oss er redde for døden og lever i frykt og stress over å miste livet deres. Men fremdeles søker de ikke etter Gud på grunn av at de ikke tror på livet etter døden. Dessuten vil mange mennesker som hevder at de tror på Kristus later til å ikke leve i troen. På grunn av dumheter, tviler mennesker og tror heller ikke på livet etter døden, selv om Gud allerede har avslørt overfor oss i Bibelen om livet etter døden, himmelrike, og helvete. Livet etter døden er en usynlig åndelig verden. Mennesker kan derfor ikke forstå det hvis ikke Gud tillater dem å vite om det. Akkurat som det er skrevet i Bibelen mange ganger, eksisterer virkelig himmelrike og helvete. Derfor viser Gud himelrike og helvete til mange mennesker rundt omkring hele verden og forkynner dem til alle verdens hjørner.

"Himmelrike og Helvete Eksisterer Virkelig."

"Himmelen er et vakkert og fascinerende sted mens helvete er et dystert og elendig sted utenom vår fantasi. Jeg anbefaler deg sterkt til å tro på det eksisterende livet etter døden."

"Det er opp til deg om du vil gå til himmelen eller helvete. For å ikke falle inn i helvete, burde du angre på alle dine synder med det samme og akseptere Jesus Kristus."

"Helvete eksisterer virkelig. Det er hvor mennesker lider av ilden i all evighet. Det er også sant at himmelrike eksisterer. Himmelrike kan bli ditt varige hjem."

Helvete

Kjærlighetens Gud har fortalt meg om himmelrike siden mai 1984. Han begynte også å forklare meg om helvete siden mars 2000. Han bad meg om å spre hva jeg hadde lært om himmelrike og helvete over hele verden, slik at ikke et eneste menneske vil bli straffet i tjernet med ilden eller i tjernet med den brennende svovelen.

Gud viste meg en gang om en sjel som led og jamret seg med samvittighetskvale i det Lavere Dødsrike, hvor alle de som skal inn til helvete venter med smerte. Sjelen nektet å akseptere Herren selv om han hadde mange muligheter til å høre evangeliet og falt til slutt inn i helvete etter døden. Dette er hans tilståelse:

Jeg teller dagene.
Jeg teller, teller, og teller men de er evige.
Jeg burde ha prøvd å akseptere Jesus Kristus
når de fortalte meg om Ham.
Hva kan jeg gjøre nå?

Det er fullstendig nyttesløst selv om jeg angrer nå.
Jeg vet ikke hva jeg kan gjøre.
Jeg vil rømme fra denne lidelsen,
men jeg vet ikke hva jeg kan gjøre.

Jeg teller en dag, to dager, og tre dager.
Men selv om jeg teller dagene på denne måten,
vet jeg nå at det er nyttesløst.
Mitt hjerte går istykker.

Hva kan jeg gjøre? Hva kan jeg gjøre?
Hvordan kan jeg bli fri fra denne lidelsen?
Hva skal jeg gjøre, å, min stakkars sjel?
Hvordan kan jeg holde ut?

1. Himmelrike og Helvete Eksisterer Virkelig

Hebreerne 9:27 sier at *"Og likesom det er menneskenes lodd en gang å dø, kommer det deretter dom."* Alle menn og kvinner skal helt til slutt dø og etter at de tar deres siste åndedrag, kommer de inn til himmelrike eller helvete etter dommen.

Gud vil at alle skal komme inn i himmelrike fordi Han selv er kjærligheten. Gud forberedte Jesus Kristus før tidens begynnelse og åpnet døren for frelse av menneskene når tiden var kommet. Gud vil ikke at en eneste sjel skal falle inn i helvete.

Paulus' brev til Romerne 5:7-8 kunngjør at *"For neppe vil noen gå i døden for en rettferdig – for en som er god, kunne kanskje noen ta seg på å dø. Men Gud viser sin kjærlighet mot oss derved at Kristus døde for oss mens vi ennå var syndere."* Gud demonstrerte virkelig Hans kjærlighet for oss ved å gi Hans eneste Sønn ubetinget.

Døren til frelse er vidt åpen slik at alle som aksepterer Jesus Kristus som hans eller hennes personlige Frelser vil bli frelst og komme inn til himmelen. Men de fleste mennesker har ingen interesse i hverken himmelen eller helvete når de hører om dem. Til gjengjeld vil også noen av dem dømme mennesker som

Helvete

forkynner evangeliet. Det sørgeligste faktum er at mennesker som hevder at de tror på Gud elsker fremdeles verdenen og begår synder fordi de ikke har noe håp om himmelen og frykter heller ikke helvete.

Gjennom vitnesbyrdene fra vitnene og Bibelen

Himmelrike og helvete ligger i den åndelige verdenen som virkelig eksisterer. Bibelen gir mange ganger utrykk for tilstedeværelsen av himmelrike og helvete. De som har vært i himmelrike eller helvete er også vitne til dem. For eksempel, i Bibelen forteller Gud oss hvor forferdelig helvete er slik at vi kan få et evig liv i himmelrike istedenfor å falle ned i helvete etter døden.

"Og om din hånd frister deg, da hugg den av! Det er bedre at du går vannfør inn til livet enn at du har dine to hender og kommer i helvete i den uslukkelige ild, [hvor deres orm ikke dør, og ilden ikke slukkes.] Og om din fot frister deg, da hugg den av! Det er bedre at du går halt inn til livet enn at du har dine to føtter og kastes i helvete, [hvor deres orm ikke dør, og ilden ikke slukkes.] Og om ditt øye frister deg, da riv det ut! Det er bedre at du går enøyet inn i Guds rike en at du har to øyne og kastes i helvete, hvor deres orm ikke dør, og ilden ikke slukkes. For enhver skal saltes med ild, og ethvert offer skal saltes med salt" (Markus' evangeliet 9:43-49).

Er det Virkelig et Himmelrike og et Helvete?

De som har vært i helvete er vitne til det samme som de snakker om i Bibelen. I helvete, "dør ikke deres ormer, og ilden blir ikke slukket. For alle vil bli saltet med ilden." Det er klart som krystall at det er et himmelrike og et helvete etter døden akkurat som det ble skrevet i Bibelen. Derfor burde du komme inn til himmelen ved å leve etter Guds ord, tro i ditt sinn på himmelen og helvetes tilværelse.

Du burde ikke jamre deg med samvittighetskvaler når sjelen som de pratet om tidligere led uten noen ende i Graven fordi han nektet å akseptere Herren uansett alle mulighetene for å høre om evangeliet.

I Johannes' evangeliet 14:11-12, forteller Jesus oss, *"Tro meg at jeg er i Faderen og Faderen i meg; men hvis ikke så tro det for selve gjerningenes skyld! Sannelig, sannelig sier jeg dere: Den som tror på meg, han skal også gjøre de gjerninger jeg gjør; og han skal gjøre større enn disse; for jeg går til min Fader."*

Du kan anerkjenne en viss person til å være Guds menneske når mektige arbeid utenfor menneskenes evne følge ham, og du kan også bekrefte at hans budskap er i overensstemmelse med Guds sanne ord.

Jeg spredde Jesus Kristus ord, gjorde arbeide med makten til den levende Gud mens jeg holdt kampanjer over hele verden. Når jeg ber i Jesus Kristus navn, mangfoldige mennesker tror på og mottar frelse på grunn av de utrolige mektige miraklene som finner sted: de blinde vil se, de stumme vil snakke, de lamme vil stå opp, de døende vil leve igjen, og så videre.

På denne måten har Gud gitt Hans mektige arbeide gjennom meg. Han forklarer også detaljert om himmelrike og helvete

7

Helvete

og tillater meg å fortelle dem for hele verden slik at så mange mennesker som mulig kan bli frelst.

Mange mennesker er idag veldig nysgjerrige på livet etter døden – den åndelige verdenen – men det er umulig å kjenne hele til den åndelige verden bare med menneskelig kraft. Du kan lære om den delvis gjennom Bibelen. Men du kan finne det ganske så klart når Gud prater om det mens du er fullt inspirert av den Hellige Ånd som søker etter alle ting, selv de dype tingene om Gud (Paulus' 1. brev til Korintierne 2:10).

Jeg håper at du vil fullstendig tro på mine beskrivelser av helvete basert på versene ifra Bibelen fordi Gud selv forklarte det til meg mens jeg var helt inspirert av Ånden.

Hvorfor kunngjøre Guds Dom og straffen i helvete

Når jeg leverer budskapene om helvete, de som har troen vil bli fyllt med den Hellige Ånd og høre på dem uten noen som helst frykt. Men det er de som blir stive i fjeset av anspenthet og deres vanlige bekreftende svar som "Amen" eller "Ja" vil gradvis blekne i løpet av gudstjenesten.

På det værste stopper menneskene med liten tro å komme til gudstjenestene eller de forlater kirken i frykt, istedenfor å bestyrke deres tro i håp om å komme inn til himmelen.

Likevel må jeg fortelle om helvete fordi jeg kjenner godt Guds hjerte. Gud er så bekymret for de menneskene som går hurtig mot helvete, som fremdeles lever i mørket, og som kompromitterer med det verdslige livet selv om noen av dem erkjenner deres tro på Jesus Kristus.

Derfor skal jeg forklare helvete i detaljer slik at Guds barn kan bo i lyset, og forlate mørket. Gud vil at Hans barn skal angre og komme inn til himmelen selv om de frykter og føler seg ukomfortable når de hører om Guds Dom og straffen i helvete.

2. Lignelsen av den Rike Mannen og Tiggeren Lasarus

I Lukas' evangeliet 16:19-31, gikk både den rike mannen og tiggeren Lasarus til Dødsrike etter døden. Situasjonene og vilkårene på stedene som hver mann skulle bo var derfor veldig forskjellig.

Den rike mannen hadde store lidelser med ilden mens Lasarus lå på Abrahams side over en stor kløft langt borte. Hvorfor? I det Gamle Testamentets tider, Guds dom var fullført ifølge Loven til Moses. På den ene side, den rike mannen mottok straff med ild fordi han ikke hadde trodd på Gud, selv om han levde i stor luksus her i verden. På den annen side, kunne tiggeren Lasarus nyte evig fred fordi han hadde trodd på Gud selv om han var dekket med sår, og lengtet etter å spise det som kom fra den rike mannens bord.

Livet etter døden avgjort av Guds Dom

I det Gamle Testamentet finner vi våre troens forfedre

Helvete

deriblandt Jakob og Job som konstaterte at de ville gå ned til dødsrike etter at de døde (Første Mosebok 37:35; Jobs bok 7:9). Korah og alle hans menn som hadde reist seg opp mot Moses gikk inn i dødsrike mens de levde, med Guds vrede. Det Gamle Testamentet forteller også om "Sheol." Dødsrike er det engelske ordet for både "Sheol" og "Hades." Og dødsrike er delt opp i to deler: det Øverste Dødsrike som tilhører himmelen og det Lavere Dødsrike som tilhører helvete.

Du vet derfor at troens forfedre som Jakob og Job og tiggeren Lasarus kom til det Øverste Dødsrike som tilhørte himmelen mens Korah og den rike mannen kom til det Lavere Dødsrike som tilhørte helvete.

På samme måte er det sikkert et liv etter døden og alle menn og kvinner har en destinasjon om enten å gå til himmelen eller helvete ifølge Guds Dom. Jeg anbefaler det veldig sterkt om å tro på Gud slik at du kan unngå å gå til helvete.

3. Oppbyggingen av Himmelrike og Helvete

Bibelen bruker forskjellige navner når de prater om himmelen eller helvete. Du innser faktisk at himmelen og helvete ikke ligger på det samme stedet.

Himmelrike er med andre ord referert til som det Øverste Dødsrike, "Paradiset," eller "det Nye Jerusalem." Dette er på grunn av at himmelrike, innbyggerne til den frelsede sjelen, er kategorisert og delt opp på mange forskjellige steder.

Som jeg akkurat har forklart i budskapet om *"Troens*

Er det Virkelig et Himmelrike og et Helvete?

Målestokk" og *"Himmelrike I & II,"* kan du leve nærmere Guds Trone i det nye Jerusalem hvis du får tilbake ditt tapte bilde av Gud Faderen. Alternativt kan du komme inn i Himmelens Tredje Kongerike, Himmelens Andre Kongerike, eller Himmelens Første Kongerike ifølge hvor mye tro du har. De som er bare såvidt frelst kan komme inn til Paradiset.

Innbyggerne til de ufrelsede sjelene eller de onde åndene er også referert til som "tjernets ild," "jernet med den brennende svovelen," eller "Abyss (den bunnløse graven)." Akkurat som himmelen som er delt opp mange steder, helvete er også delt opp på mange steder fordi hver sjels inbygger er forskjellig fra de andre ifølge hvor mye ondskap det finnes i denne verdenen.

(Pyramide-diagram med følgende nivåer ovenfra og ned:
Det Nye Jerusalem
Det Tredje Kongerike
Det Andre Kongerike
Det Første Kongerike
Paradiset
Den Øvre Graven
Kløften
Den Lavere Graven (Hades)
Tjernet med Ilden
Tjernet med den Brennende Svovelen
Avgrunnen (Bunnløs Kløft))

Oppbyggingen av Himmelrike og Helvete

Hva med en ruteform (◇) for å bedre forstå oppbyggingen av himmelen og helvete. Hvis formen blir kuttet i to, er det en trekant (△) og en opp-ned trekant (▽). La oss si at den øverste

11

Helvete

trekanten representerer himmelen og den opp-ned trekanten representerer helvete.

Den høyeste delen av den øverste trekanten tilsvarer det nye Jerusalem mens den nedre delen tilsvarer det Øverste Dødsrike. Med andre ord, over det Øverste Dødsrike ligger Paradiset, Himmelens Første Kongerike, Andre Kongerike, det Tredje Kongerike, og det nye Jerusalem. Men du burde ikke tenke på de forskjellige Kongerikene som først, annen eller tredje etasje i en byggning her på jorden. I den åndelige verdenen, er det umulig å sette en linje for å atskille land som du gjør det her på jorden, og å kunne se hvilken form den har. Jeg forklarer det bare slik for at de kjødelige menneskene kan lettere forstå himmelrike og helvete.

I den øverste trekanten, tilsvarer spissen det nye Jerusalem mens den nedre delen tilsvarer det Øverste Dødsrike. Med andre ord, jo høyere du går opp trekanten, jo bedre et Himmelsk Kongerike vil du finne.

I den andre figuren, den opp-ned trekanten, det høyeste og den bredeste delen tilsvarer det Lavere Dødsrike. Jo nærmere du kommer bunnen, jo dypere ned i helvete kommer du; det Laveste Dødsrike, tjernet med ilden, tjernet med svovelen, og Abyssen. Abyssen som det er pratet om i Bøkene om Lukas og Johannes' åpenbaring refererer til den dypeste delen av helvete.

I den øverste trekanten, blir området mindre ettersom du går oppover fra bunnen av og opp til toppen – fra Paradiset til det nye Jerusalem. Denne formen viser deg at antall mennesker som kommer inn til det nye Jerusalem er faktisk ganske lite i forhold til antall mennesker som kommer inn i Paradiset, eller

Er det Virkelig et Himmelrike og et Helvete?

Himmelens Første eller Andre Kongerike. Det er på grunn av at bare de som fullfører hellighet og fullkommenhet gjennom rensing av deres hjerter, følger Gud Faderens hjerte, kan komme inn til det nye Jerusalem.

Akkurat som du kan se på den opp-ned trekanten, forholdsvis færre mennesker går til den dypere delen av helvete fordi bare de som har deres samvittighet stemplet og som har begått de værste ondskapene blir kastet inn i dette stedet. Et stort antall mennesker som begår forholdsvis lite synd, vil gå til den øverste, bredere delen av helvete.

Derfor kan du innbille deg at himmelen og helvete har en ruteform. Men du burde ikke beslutte det med at himmelen har en form som en trekant eller at helvete har en form som en trekant opp-ned.

En stor kløft mellom himmelrike og helvete

Det er en stor kløft mellom den øverste trekanten – himmelrike – og trekanten som er opp-ned – helvete. Himmelrike og helvete er ikke i nærheten av hverandre, men er lenger fra hverandre enn du kan måle.

Gud har satt grenser så klart på denne måten at sjelene i himmelen og helvete ikke kunne reise frem og tilbake mellom himmelen og helvete. Bare i veldige spesielle anledninger hvor Gud gir dem tillatelse, er det mulig å se og snakke med hverandre slik som den rike mannen og Abraham gjorde.

Mellom de to symmetriske trekantene, er det en stor kløft.

Mennesker kan ikke komme og gå fra himmelen til helvete, og omvendt. Men på den annen side, hvis Gud tillater det kan menneskene i himmelen og helvete se, høre, og prate med hverandre åndelig samme hvor langt fra hverandre de er.

Kanskje kan du forstå dette lettere hvis du husker hvordan vi kan prate på telefonen med mennesker på den andre siden av jorden eller kanskje til og med prate ansikt til ansikt på en skjerm via satelitter på grunn av rask fremgang og utvikling av vitenskap og teknologi.

Selv om det er en stor kløft mellom himmelen og helvete, kunne den rike mannen se Lasarus hvile på Abrahams side og pratet med Abraham i ånden med Guds tillatelse.

4. Det Øverste Dødsriket og Paradiset

For å være helt nøyaktig, det Øverste Dødsrike er ikke en del av himmelen, men kan bli sett på som om den tilhører himmelen mens det Lavere Dødsrike er en del av helvete. Rollen til det Øverste Dødsrike fra det Gamle til det Nye Testamentets tider har blitt transformert.

Det Øverste Dødsrike i det Gamle Testamentets tider

I det Gamle Testamentets tider, frelsede sjeler ventet i det Øverste Dødsrike. Abraham, troens forfader, tok ansvar for det Øverste Dødsrike og det er på grunn av dette at Bibelen nevner at Lasarus var på Abrahams side.

Men siden oppstandelsen og oppstigningen av Herren Jesus Kristus, frelsede sjeler er ikke på Abrahams side mere, men er overførr til Paradiset og er på Herrens side. Det er på grunn av dette at Jesus sier i Lukas' evangeliet, Sannelig sier jeg deg: *"I dag skal du være med meg i Paradis"* til en av forbryterne som angret og mottok Jesus som hans Frelser mens han hang på korset (Lukas' evangeliet 23:43).

Kom Jesus til Paradiset med det samme etter Hans korsfestelse? Peters' 1. brev 3:18-19 forteller oss at *"For også Kristus led en gang for synder, en rettferdig for urettferdig, for å føre oss frem til Gud, Han som led døden i kjødet, men ble levendegjort i ånden, og i denne gikk han og bort og preket for åndene som var i varetekt."* Fra dette verset kan du se at Jesus preket om evangeliet til alle sjelene som vil bli frelst og som ventet i det Øverste Dødsrike. Jeg vil diskutere dette i detaljer i 2. kapittel.

Jesus som hadde forkynnet om evangeliet i tre dager i det Øverste Dødsrike, brakte sjeler som ville bli frelst til Paradiset når han oppsto og steg opp til himmelen. I dag lager Jesus i stand et sted for oss i himmelen akkurat som Han sa, *"Jeg går bort for å berede deres sted"* (Johannes' evangeliet 14:2).

Paradiset i det Nye Testamentets tider

Frelsede sjeler oppholder seg ikke lenger i det Øverste Dødsrike etter at Jesus åpnet døren til frelse. De bor i utkanten av Paradiset, som er Ventestedet for himmelrike, helt til slutten av menneskenes kultivasjon. Og så etter Dommen til den Store Hvite Tronen, vil hver av dem komme inn til hans eget sted i

Helvete

himmelen ifølge hvor mye tro hvert individ har, og vil leve der i all evighet.

Alle frelsede sjeler venter i Paradiset i det Nye Testamentets tider. Mange mennesker lurer kanskje på om det er mulig for så mange mennesker å leve i Paradiset siden mangfoldige mennesker har blitt født siden Adam. "Pastor Lee! Hvordan er det mulig for så mange mennesker å bo i Paradiset? Jeg er redd for at det ikke er stort nok for alle menneskene å bo sammen selv om det er veldig stort."

Solsystemet som er her på jorden er bare et liten prikk sammenlignet med melkeveisystemet. Kan du forestille deg hvor stort melkesystemet er? Men melkesystem er bare en liten prick sammenlignet med hele universet. Kan du da forestille deg hvor romslig hele universet er?

I tillegg, det enorme universet som vi lever i er bare et av mange universer, og endesløsheten til hele universet er langt uten for vår fantasi. Det er derfor umulig for deg å forstå endesløsheten av de fysiske universene, hvordan kan du eventuelt gripe fatt i den uendelige himmelen i det åndelige rike?

Selve paradiset er veldig rommelig, og utenfor all din fantasi. Det er utrolig langt fra det nærmeste stedet til det Første Kongerike til kanten av Paradiset. Kan du nå forestille deg hvor uendelig selve Paradiset er?

Sjeler får åndelig kunnskap i Paradiset

Selv om Paradiset er et ventested på vei til himmelen, er det ikke et trangt eller kjedelig sted. Det er så vakkert at det ikke kan

Er det Virkelig et Himmelrike og et Helvete?

bli sammenlignet med det vakreste landskapsbilde her på jorden. Ventende sjeler i Paradiset får åndelig kunnskap fra noen av profetene. De lærer om Gud og himmelen, den åndelige loven, og andre nødvendige åndelige kunnskaper. Det er ingen ende til den åndelige kunnskapen. Å være der er fullstendig forskjellig fra å være her på jorden. Det er ikke vanskelig eller kjedelig. Jo mere de lærer jo mere ære og lykke mottar de.

De som er rene og vennlige i deres hjerter kan motta mange åndelig kunnskaper gjennom samtalene med Gud selv her på jorden. Du kan også forstå mange ting ved den Hellige Ånds inspirasjon når du ser ting med dine åndelige øyne. Du kan erfare den åndelige makten til Gud selv i denne verdenen fordi du kan forstå åndelig lover med troen og Guds svar til dine bønner til den grad hvor du omskjærer ditt hjerte.

Hvor lykkelig og fullstendig fornøyd er du ikke når du lærer om de åndelige tingene og får erfaring med dem her på jorden? Forestill deg hvor mye gladere og lykkeligere du vil være når du får dypere åndelig kunnskap i Paradiset som tilhører himmelen.

Hvor bor så disse profetene? Bor de i Paradiset? Nei. Sjeler som er kvalifiserte til å komme inn i det nye Jerusalem venter ikke i Paradiset, men i det nye Jerusalem, og hjelper Gud med Hans arbeide der.

Abraham hadde tatt vare på det Øverste Dødsrike før Jesus ble korsfestet. Men etter Jesus' oppstandelse og oppstigning, dro Abraham til det nye Jerusalem fordi han hadde gjort ferdig Hans gjerninger i det Øverste Dødsrike. Så hvor var Moses og Elias mens Abraham var i det Øverste Dødsrike? De var ikke i

17

Paradiset, men var allerede i det nye Jerusalem fordi de hadde blitt kvalifiserte til å komme inn i det nye Jerusalem (Matteus' evangeliet 17:1-3).

Det Øverste Dødsrike i det Nye Testamentets tider

Du vil kanskje se en film hvor en manns' sjel som ligner hans egen fysiske kropp er separert fra hans kropp etter døden og følger enten engler fra himmelen eller budbringere fra helvete. En frelset sjel er faktisk ført inn til himmelen av to engler med hvite kapper etter at hans sjel er separert fra hans kropp rett etter at han dør. En som vet eller kjenner til dette vil ikke bli sjokkert selv om hans sjel blir separert fra hans kropp når han dør. En som ikke vet dette i det hele tatt, er derimot sjokkert ved å se en annen person som ligner helt fullstendig på han selv, og som er separert fra hans kropp.

En sjel som er separert fra hans fysiske kropp vil med en gang føle seg veldig rar og merkelig. Dens tilstand er veldig forskjellig fra den tidligere, fordi den nå erfarer forferdelige forandringer, ved å ha bodd i den tre dimensjonell, men er nå i den fire dimensjonelle verdenen.

Den separerte sjelen føler ingen kroppsvekt og vil kanskje bli fristet til å snurre seg rundt på grunn av at kroppen deres føles så lett. Det er på grunn av dette at det tar litt tid å lære om de fundamentale tingene for å justere seg til den åndelige verdenen. Frelsede sjeler i det nye Jerusalems tidene forholder seg derfor nølende og regulerer seg etter den åndelige verdenen i det Øverste Dødsrike før de kommer inn til Paradiset.

5. Det Lavere Dødsriket, et Ventested På Vei Til Helvete

Den øverste delen av helvete er det Lavere Dødsrike. Ettersom en går lavere ned innenfor helvete, er det tjernet med ilden, tjernet med den brennende svovelen, og Abyssen, den dypeste delen av helvete. Ufrelsede sjeler fra tidens begynnelse har ikke ennå kommet til helvete, men er fremdeles i det Lavere Dødsrike. Mange mennesker påstår at de har vært i helvete. Jeg kan si at de virkelig så scener med lidelser i det Lavere Dødsrike. Det er på grunn av at de ufrelsede sjelene er holdt i forskjellige deler av det Lavere Dødsrike ifølge hvor mye synd og ondskap de har og de vil til slutt bli kastet inn i tjernet med ilden eller tjernet med svovelet etter Dommen fra den Store Hvite Tronen.

Lidelsene av de ufrelsede sjelene i det Lavere Dødsrike

I Lukas' evangeliet 16:24, er lidelsene som er påført den ufrelsede rike mannen i det Lavere Dødsrike også beskrevet. I hans lidelse, spurte den rike mannen etter en dråpe med vann, og sa, *"Fader Abraham! Forbarm deg over meg og send Lasarus, forat han kan dyppe det ytterste av sin finger i vann og svale min tunge! For jeg pines storlig i denne lue."*

Hvordan kan sjelene ikke være livredde og skjelve i hårreisende skrekk siden de blir torturert hele tiden midt blandt andre mennesker som skriker ut i smerte i den raserende ilden, uten så mye som håp om å dø i helvete, hvor ormer ikke engang dør og ilden ikke kan bli slukket?

Helvete

Brutale budbringere fra helvete torturerer sjelene i det kullsvarte mørket, det Lavere Dødsrike. Hele stedet er omringet av blodighet og forferdelig lukt av råtne lik, så det er veldig vanskelig og til og med puste. Men straffen i helvete kan ikke sammenlignes med den i det Lavere Dødsrike. Fra 3. kapittel og fremover, vil jeg diskutere i detaljer med spesielle eksempler hvor skrekkelig et sted det Lavere Dødsrike er, og hva slags uutholdelige straffer som de får i tjernet med ilden og i tjernet med den brennende svovelen.

De ufrelsede sjelene er veldig angrende i det Lavere Dødsrike.

I Lukas' evangeliet 16:27-30, trodde ikke den rike mannen at helvete eksisterte, men han ble klar over hans dumhet og følte seg angrende i ilden etter hans død. Den rike mannen tigget Abraham om å sende Lasarus til hans brødre slik at de kunne ungå helvete.

> "'Så ber jeg deg, fader, at du sender ham til min fars hus – for jeg har fem brødre – forat han skal vitne for dem, så ikke også de skal komme til dette pinens sted.' Men Abraham sa, 'De har Moses og Profetene; la dem høre dem.' Men han sa: 'Nei, fader Abraham! Men om noen fra de døde kommer til dem, da omvender de seg.'"

Hva ville den rike mannen si til hans brødre hvis han ble gitt

en sjanse til å snakke med dem personlig? Han ville helt sikkert fortelle dem, "Jeg vet helt sikkert at helvete finnes. Vennligst lev ifølge Guds ord og kom ikke til helvete, for helvete er et hårreisende og forferdelig sted."
Selv i en endesløs pinefull smerte og lidelse, ville den rike mannen helt ærlig redde hans brødre fra å gå til helvete, og det er ingen tvil om at han hadde et relativt godt hjerte. Så hva med menneskene idag?
En gang viste Gud meg et ektepar som ble torturert i helvete fordi de hadde sviktet Gud og forlatt kirken. I helvete klandret og hatet de hverandre, bannet, og til og med ville at andre skulle få mere smerter.
Den rike mannen ville at hans brødre skulle bli frelst fordi han hadde litt godhet i sitt hjerte. Men du må huske at den rike mannen ble fremdeles kastet inn i helvete. Du må også huske at du ikke kan få frelse ved å si, "Jeg tror."
Det er forutbestemt at menneskene vil dø og gå til enten himmelrike eller helvete etter døden. Derfor burde du ikke bli dum, men burde bli en sann troende.

En klok mann gjør seg selv klar for livet etter døden

Kloke mennesker gjør seg selv virkelig klare for livet etter døden, mens de fleste mennesker arbeider veldig anstrengende for å få og bygge ære, makt, rikdom, velstand, og langvarighet her i verden.
Kloke mennesker sparer opp deres rikdom i himmelen i følge Guds ord, på grunn av at de kjenner altfor godt at de ikke kan ta

Helvete

noe til graven. Du har kanskje hørt noen vitne om de som ikke kunne finne husene deres i himmelen når de kom dit på besøk, selv om de formodentlig hadde trodd på Gud og ført et liv med Kristus. Du kan ha et stort og vakkert hus i himmelen hvis du veldig foriktig sparer opp din rikdom i himmelen mens du lever som Guds elskede barn her på jorden!

Du blir virkelig velsignet og er klok fordi du kjempet etter å ha og beholde en trygg tro for å komme inn til den vakre himmelen og fordi du flittig oppbevarer din belønning i himmelen med troen, og forbereder deg selv til Herrens brud som snart skal komme tilbake.

Når en mann dør, kan han ikke leve livet sitt over igjen. Jeg ber dere derfor venligst å ha tro og å vite at det finnes en himmel og et helvete. I tillegg, ved å vite at de ufrelsede sjelene er sterkt torturert i helvete, burde du bekjentgjøre at det finnes en himmel og et helvet til alle som du møter i ditt liv. Kan du forestille deg hvor tilfredstillt Gud ville bli med deg?

De som bekjentgjør Guds kjærlighet, som vil føre alle menneskene til frelse, vil bli velsignet her i livet og vil også skinne som solen i himmelen.

Jeg håper at du vil tro på den levende Gud som dømmer og belønner deg, og prøv å bli et av Guds sanne barn. Jeg ber i Herrens navn at du vil føre så mange mennesker som mulig tilbake til Gud og frelsen, og bli veldig lykkelig med Gud.

2. kapittel

Frelsens Vei for De Som Aldri Har hørt om Evangeliet

1. Samvittighetens Oppfatning
2. Ufødte Spedbarn fra Abort eller Spontanabort
3. Barn fra Fødsel til Fem Års Alderen
4. Barn fra Seks Års Alderen til Før Tenårings alderen
5. Var Adam og Eva Frelst?
6. Hva Skjedde med den Første Morderen Kain?

"For når hedningene,
som ikke har loven,
av naturen gjør det loven byder, da er disse,
som dog ikke har loven, seg selv en lov;
de viser at lovens gjerning er skrevet i deres hjerter,
idet også deres samvittighet gir sitt vitnesbyrd,
og deres tanker innbyrdes anklager eller også forsvarer dem."
- Romerne 2:14-15 -

"Men Herren sa til ham: 'Nei! for slår noen Kain ihjel,
skal han lide syv fold hevn.' Og Herren ga Kain et merke,
for at ikke noen som møtte ham, skulle slå ham ihjel."
- Første Mosebok 4:15 -

Gud viste Hans kjærlighet for oss ved å gi Hans eneste Sønn Jesus Kristus for å bli korsfestet for at alle menneskene skulle bli frelst.

Foreldre elsker deres små barn men de vil at barna deres skal bli modne nok til å forstå deres hjerte og dele deres lykke og smerte med hverandre.

På samme måte vil Gud at alle menneskene skal bli frelst. Gud vil også at Hans barn skal bli modne nok i deres tro til å kjenne hjerte til Gud Faderen og dele den dype kjærligheten med Ham. Det er på grunn av dette at apostelen Paulus skriver i Paulus' 1. brev til Timoteus 2:4 at Gud vil at alle mennesker skal bli frelst og skal begynne å kjenne sannhetens kunnskap.

Du burde vite at Gud viser helvete og den åndelige verden i detalje fordi Gud i Hans kjærlighet vil at alle mennesker skal motta frelse og bli fullstendig modne i troen.

I dette kapittelet, vil jeg forklare i detalje om det er mulig å bli frelst for de som har dødd uten å kjenne Jesus Kristus.

1. Samvittighetens Oppfatning

Mange mennesker som ikke tror på Gud erkjenner i det minste himmelen og helvetes tilstedeværelse, men de kan ikke komme inn i himmelen bare på grunn av at de erkjenner himmelen og helvete.

Akkurat som Jesus forteller oss i Johannes' evangeliet 14:6, *"Jeg er veien og sannheten og livet; ingen kommer til Faderen uten ved Meg,"* du kan bare bli frelst og komme inn til

Helvete

himmelrike gjennom Jesus Kristus.

Hvordan kan du så bli frelst? Apostelen Paulus i Paulus' brev til Romerne 10:9-10 viser oss en vei til virkelig frelse:

Dersom du med din munn bekjenner at Jesus er Herre, og i ditt hjerte tror at Gud oppvakte ham fra de døde, da skal du bli frelst; for med hjerte tror en til rettferdighet, og med munnen bekjenner en til frelse.

La oss anta at det er noen mennesker som ikke kjenner til Jesus Kristus. På grunn av dette, kan de ikke tilstå, "Jesus er Herren." De tror heller ikke på Jesus Kristus med deres hjerte. Er det så sant at ikke alle av dem kan bli frelst?

Mange mennesker levde før Jesus kom hit til jorden. Til og med i det Nye Testamentets tider, var det mennesker som døde uten å noensinne høre evangeliet. Kan disse menneskene bli frelst?

Hva ville skjebnen være for noen mennesker som døde så tidlig at de aldri ble modne eller kloke nok til å kjenne igjen troen? Hva med ufødte spedbarn som døde ved abort eller spontanabort? Må de gå til helvete betingelsesløst fordi de ikke tror på Jesus Kristus? Nei, det behøver de ikke.

Kjærlighetens Gud åpner døren for frelse for alle i Hans rettferdighet gjennom "samvittighetens dom."

De som søkte etter Gud og levde med god samvittighet

Paulus brev til Romerne 1:20 bekjentgjør at *"For Hans*

usynlige vesen, både Hans evige kraft og Hans guddommelighet, er synlig fra verdens skapelse av, idet det kjennes av hans gjerninger, forat de skal være uten unnskyldning." Det er på grunn av dette at mennesker med gode hjerter tror på den eksisterende Gud ved å se hva som har blitt laget.

Predikerens bok 3:11 forteller oss at Gud har satt evighet i menneskenes hjerter. Gode mennesker søker derfor naturlig etter Gud og tror vagt på livet etter døden. Gode mennesker frykter himmelrikene og prøver å føre gode og rettferdige liv selv om de kanskje aldri har hørt om evangeliet. De lever derfor til en viss grad ifølge deres Guds vilje. Hvis de bare hadde hørt evangeliet, hadde de sikkert akseptert Herren og kommet inn i himmelen.

På grunn av dette, tillot Gud gode sjeler å oppholde seg i det Øverste Dødsrike for å kunne føre dem til himmelen til Jesus døde på korset. Etter korsfestelsen av Jesus, førte Gud dem til frelse gjennom Jesus' blod ved å la dem høre evangeliet.

Å høre evangeliet i det Øverste Dødsriket

Bibelen forteller oss at Jesus bekjentgjorde evangeliet i det Øverste Dødsrike etter at Han døde på korset.
Akkurat som Peters' 1. brev 3:18-19 bemerker *"For også Kristus led en gang for synder, en rettferdig for urettferdige, for å føre oss frem til Gud, Han som led døden i kjødet, men ble levendegjort i ånden, og i denne gikk han og bort og preket for åndene som var i varetekt."* Jesus bekjentgjorde evangeliet til sjelene i det Øverste Dødsrike slik at de også kunne bli felst gjennom Hans blod.

Når de hørte evangeliet, mottok mennesker som ikke hadde hørt om det hele deres liv til slutt en sjanse til å kjenne hvem Jesus Kristus var og ble så frelst.

Gud har ikke gitt noe annet navn untatt Jesus Kristus for å føre menneskene til frelse (Apostelens gjerninger 4:12). Selv under de Nye Testamentets tider, de som ikke hadde noen anledning til å høre evangeliet blir frelst gjennom samvittighetens dom. De oppholder seg i det Øverste Dødsrike i tre dager for å høre evangeliet og går så inn i himmelen.

Mennesker med dårlig samvittighet søker aldri etter Gud, og lever i synden, tilfredsstiller seg selv etter sitt eget begjær. De ville ikke ha trodd på evangeliet selv om de hadde hørt det. Etter de døde vil de bli sendt til det Lavere Dødsrike for å leve i straffen og vil til slutt falle inn i helvete etter Dommen av den Store Hvite Tronen.

Vurdering av samvittigheten

Det er umulig å dømme andres samvittighet riktig, fordi et menneske kan ikke riktig lese andre menneskers tanker. Men den allmektige Gud kan innse alles tanker og dømme rettferdig.

Paulus brev til Romerne 2:14-15 forklarer vurderingen av samvittigheten. Gode mennesker vet hva som er godt og hva som er ondt fordi deres samvittighet tillater dem å kjenne Lovens betingelser.

For når hedningene, som ikke har loven, av naturen gjør det loven byr, da er disse, som ikke har loven, seg selv en lov; de viser at lovens gjerninger er skrevet i deres hjerter, idet også deres samvittighet gir sitt vitnesbyrd, og deres tanker innbyrdes anklager eller også forsvarer dem.

Gode mennesker følger derfor ikke ondskapens vei, men følger i deres liv den gode veien. Ifølge vurderingen av samvittigheten oppholder de seg derfor i det Øverste Dødsrike i tre dager, hvor de hører evangeliet og blir frelst.

Du kan nevne Admiral Soonshin Lee* som et eksempel og som levde i godhet etter hans gode samvittighet (*Redaktør Notat: Admiral Lee var en fremstående leder til marinetroppene for Chosun Dynastiet i Korea på 1600 tallet). Admiral Lee levde i sannheten selv om han ikke kjente Jesus Kristus. Han var alltid trofast til hans konge, hans land, og menneskene som han beskyttet. Han var god og trofast til hans foreldre og elsket hans brødre. Han satte aldri hans egne interesser før andres, og søkte aldri etter ære, makt, eller rikdommer. Han bare tjente og ofret seg selv for sine naboer og menenskene.

Du kan ikke finne noen antydelse av ondskap i ham. Admiral Lee ble forvist ifra landet sitt uten noen som helst klage eller diskusjoner for å hevne seg på hans fiende når han ble urettferdig anklaget. Han klaget ikke til kongen selv når kongen, som hadde fordrevet ham til landflyktighet, ga ham en ordre om å slåss på en slagmark. Istedenfor takket han kongen med hele sitt hjerte, satte troppene godt opp igjen, og slåss i kamper ved å risikere hans eget liv. Han satte også til side tid for å gå ned på knærne og be for det gode, fordi han var klar over at en eksisterte. Av hvilken grunn ville Gud ikke lede ham til himmelen?

De som er stengt ute fra samvittighetens vurdering

Kan menneskene som hørte evangeliet men som ikke trodde på Gud, bli gjenstand for vurdering av samvittigheten? Dine familie medlemmer ville ikke bli gjenstand for vurdering av samvittigheten hvis de ikke aksepterte evangeliet selv om de hadde hørt det ifra deg. Det er rettferdig for dem å ikke bli frelset hvis de nektet evangeliet selv om de hadde mange muligheter til å høre det.

Likevel burde du bekjentgjøre de gode nyhetene iherdig, for selv om menneskene var onde nok til å gå til helvete, ville du tillate dem å ha flere muligheter til å motta frelse gjennom ditt arbeide.

Hvert eneste av Guds barn er skyldner i evangeliet og har forpliktelse til å spre det. Gud vil forespørre deg om Dommedagen hvis du aldri har forkynnet evangeliet til din familie, blant annet dine foreldre, søsken, og dine slektninger, o.s.v. "Hvorfor forkynte du ikke til dine foreldre og brødre?" "Hvorfor forkynte du ikke til dine barn?" "Hvorfor forkynte du ikke til dine venner?"

Du burde derfor spre de gode nyhetene til menneskene hver eneste dag hvis du virkelig forstår Guds kjærlighet som til og med ofret Hans eneste Sønn, og hvis du virkelig kjenner Herrens kjærlighet som døde på korset for oss.

Å frelse sjeler er den nøyaktige måten å slukke Herrens tørst på, han som gråt på korset, "Jeg er tørst," og for å tilbakebetale verdien av Herrens blod.

2. Ufødte Spedbarn fra Abort eller Spontanabort

Hva er skjebnen til de ufødte spedbarna som dør på grunn av spontanabbort før de er født? Etter en fysisk død, et menneskes ånd skal havne i enten himmelen eller helvete fordi en menneskelig ånd, selv om den er veldig ung, kan ikke bli ødelagt.

Et foster får en ånd fem måneder etter befruktning

Når får et foster en ånd? En ånd er ikke gitt til et foster til sjette måned i svangerskapet.

Ifølge medisinsk vitenskap, fem måneder etter befruktning, utvikler et foster hørsel, øyne, og øyebryn. Hjernelapp som aktiviserer funksjonen av cerebrum blir også utviklet fem til seks måneder etter befruktning.

Når fosteret er seks måneder gammelt, får den en ånd og den ser nå nesten ut som et menneske. Fosteret går hverken til helvete eller himmelen når det skjer en spontanabbort før den har fått en ånd, fordi et foster uten ånd er det samme som et dyr.

Predikerens bok 3:21 sier, *"Hvem vet om menneskenes ånd stiger opp, og om dyrets ånd farer ned til jorden?"* "Menneskenes ånd" indikerer her hva som er kombinert med menneskenes ånd som ble gitt av Gud og fører menenskene til å søke etter Gud og hans sjeler som får ham til å tenke og adlyde

Guds ord, mens "dyrets ånd" refererer til sjelen, nemlig det systemet som får dem til å tenke og handle. Et enkelt dyr blir utdødd når det dør fordi det bare har en sjel men ikke noen ånd. Et foster som er yngre enn fem måneder gammelt har ingen ånd. Derfor, hvis det dør, vil det forsvinne akkurat som et dyr gjør.

Abbort er like stor synd som mord

Er det så ikke en synd å abbortere et foster som er yngre enn fem måneder gammelt siden det ikke har noen ånd? Du burde ikke begå en synd ved å abbortere et foster, samme når fosteret får en ånd, du må bare huske at bare Gud kan styre menneskenes liv.

I Salmenes bok 139:15-16, *"Mine ben var ikke skjult for deg da jeg ble virket i lønndom, da jeg ble kunnstig virket i jordens dyp. Da jeg bare var foster, så dine øyne meg, og i din bok ble de alle oppskrevet de dager som ble fastsatt da ikke en av dem var kommet."*

Kjærlighetens Gud kjente hver og en av dere før dere ble utviklet i deres mors livmor og hadde vidunderlige ideer og planer for deg i det omfang at han skrev det ned i Hans bok. Det er på grunn av dette at, bare ved å være en av Guds skapninger, at du ikke kan kontrollere livet til et foster, selv om det er yngre enn fem måneder gammelt.

Abbortere et foster er det samme som å begå mord fordi du overtrer Guds myndighet, han som styrer livet, døden, velsignelsen, og forbannelsen. Hvordan kan du også insistere på at det bare er en ubetydelig synd når du dreper din egen sønn eller datter?

Straffene for synd og prøvelser vil følge etter

Under alle omstendigheter og same hvor vanskelig, burde du aldri bryte Guds høyeste makt på menneskene. Det er heller ikke riktig å abbortere ditt barn for å selv søke lykke. Du burde innse at du vil høste hva du har sådd, og du må betale for hva du har gjort. Det er mye mere seriøst hvis du abborterer et foster etter seks måneder eller lengre inn i graviditeten. Det er det samme som å drepe et voksent menneske fordi det allerede har fått en ånd. Abbort utvikler en stor vegg mellom deg og Gud. Som et resultat blir du påført smerter som kommer fra forskjellige prøver og problemer. Gradvis blir du støtet bort fra Gud på grunn av syndenes vegg hvis du ikke løser det syndige problemet, og til slutt vil du kanskje ha gått litt for langt til å kunne komme tilbake.

Selv de som ikke tror på Gud vil bli straffet og de vil få alle slags prøver og problemer hvis de dreper et foster siden det blir sett på som mord. De vil alltid få prøver og problemer siden Gud ikke kan beskytte dem og Han vil snu Sitt ansikt fra dem hvis de ikke bryter ned den syndige veggen.

Å grundig angre på dine synder og bryte ned den syndige veggen

Gud ga Hans befaling om ikke å dømme menneskene, men til

Helvete

å avsløre Hans vilje, lede dem inn til anger og omvendelse, og frelse dem.

Gud tillater deg også å forstå disse tingene relevant til abbort, slik at du ikke vil begå denne synden og at du kan ødelegge syndenes vegg ved å angre på dine synder som du tidligere har begått.

Hvis du abborterte ditt barn tidligere, vær sikker på at du virkelig angrer og at du bryter ned den syndige veggen ved å gi oss freds ofring. Prøver og problemer vil derfor forsvinne ettersom Gud ikke lenger vil huske dine synder.

Intensiteten av synden er forskjellig fra sak til sak når du aborterer ditt barn. For eksempel, hvis du abborterte ditt barn på grunn av at du ble gravid på grunn av voldtekt, vil din synd bli relativt liten. Hvis et gift ektepar abborterer deres uønskede barn, er deres synd mye mere alvorlig.

Hvis du ikke vil ha ditt barn av forskjellige grunner, burde du overgi ditt barn i din mave i bønner til Gud. I slikt et tilfelle, burde du føde barnet ditt hvis Gud ikke arbeider ifølge dine bønner.

De fleste abborterte barn er frelst men det finnes noen unntak

Seks måneder etter befruktning, et foster, selv om det har fått en ånd, kan ikke tenke fornuftig, forstå, eller tro på noe på egenhånd. Gud frelser defor de fleste av disse fostrene som dør i denne perioden samme hva slags tro de eller deres foreldre har.

Ta notat av hvordan jeg sa – "de fleste" – av fostrene, på

grunn av i sjeldne tilfeller hvor et foster ikke kan bli frelst. Et foster kan arve en ond natur fra øyeblikket hvor den ble befruktet hvis dens foreldre eller forfedre gikk sterkt imot Gud og hopet opp mye ondskap. I dette tilfelle kan fosteret ikke bli frelst.

Det kan for eksempel være et barn fra en tryllekunstner eller et barn fra onde foreldre som forbannet og bare ønsket onde ting for andre mennesker akkurat som Hee-bin Jang* i Koreas historie (*Redaktør Notat: Fru Jang var en elskerinne til Kong Sook-jong på slutten av 1700 tallet, som på grunn av sjalusi, forbannet Dronningen). Hun forbannet hennes rival ved å bore hull i et portrett av hennes rival med piler mens hun var forferdelig sjalu. Barna til slike onde foreldre kan ikke bli frelst fordi de arver deres foreldres onde natur.

Det er også forferdelig onde mennesker blandt de som påstår at de tror. Slike mennesker motarbeider, feilvurderer, fordømmer, og forhindrer den Hellige Ånds arbeide. I sjalusi prøver de også å drepe en som ærer Guds navn. Hvis barna til slike foreldre fikk spontanabbort, kan de ikke bli frelst.

Med unntak av slike uvanlige tilfeller, vil de fleste ufødte barn bli frelst. Men de kan ikke komme inn til himmelen eller Paradiset siden de ikke ble oppdratt her på jorden i det hele tatt. De bor i det Høyere Dødsrike selv etter at Dommen til den Store Hvite Tronen finner sted.

Evig Sted for frelsede ufødte spedbarn

Fostere som blir abortert seks måneder eller senere etter at de har blitt befruktet i det Øverste Dødsrike er bare som et blankt papir siden de ikke har blitt oppdratt her på jorden. De ville derfor oppholde seg i det Øverste Dødsrike og vil ha på seg en kropp som passer til deres sjeler når de oppstår.

De tar på seg en kropp som vil forandre seg og vokse i ulikhet med andre frelsede mennesker som har en åndelig og evig kropp. Så selv om de er som barn først, vil de vokse til de når en passende fase.

Disse barna forblir i det Øverste Dødsrike, selv etter at de har vokst opp, og fyller deres kunnskap med sannhet. Du kan forstå dette lettere hvis du tenker på Adams begynnende stadiet i Edens Have og hans læremåte.

Adam var laget av ånden, sjelen, og kroppen når han ble skapt som et levende vesen. Men hans kropp ble forskjellig fra en åndelig, oppstått kropp, og hans sjel var like ignorant som et nyfødt spedbarn. Derfor ga Gud Selv Adam den åndelige kunnskapen, ved å spasere sammen med ham i lang tid.

Du burde vite at Adam i Edens Have ble skapt uten noen som helst ondskap i ham, men sjelene i det Øverste Dødsriket er ikke så gode som Adam var, fordi de allerede har arvet en syndig natur fra deres foreldre som hadde erfart den menneskelige oppdragelsen i generasjoner.

Helt siden Adams Nedbrytelse, alle hans etterkommere etter ham har arvet den originale synden fra deres foreldre.

3. Barn fra Fødsel til Fem Års Alderen

Hvordan kan barn under fem år gamle, som ikke kan se forskjell på godt eller ondt og som heller ikke erkjenner troen ennå, bli frelst? Frelse av barn på denne alderen kommer an på troen til deres foreldre – spesielt deres mødre.

Et barn kan motta frelse hvis barnets foreldre har troen til å bli frelst og oppbringer deres barn i troen (Paulus' 1. brev til Korintierne 7:14). Til tross for dette er det ikke sant at et barn ikke kan bli betingelsesløst frelst simpelthen på grunn av at foreldrene til barnet ikke hadde noen tro.

Her kan du erfare Guds kjærlighet igjen. Første Mosebok 25 viser oss at Gud viste på forhånd at Jakob ville bli større i fremtiden enn hans eldre bror Esau når de slåss sammen i morens livmor. Den allvitende Gud leder alle barna som dør før de er fem år gamle til frelse ifølge sammvittighets dommen. Dette er mulig på grunn av at Gud vet om barna ville akseptere Herren, hvis de hadde levd lenger, når de hører evangeliet senere i livet deres.

Men for barn som har foreldre som ikke har noen tro, og som ikke kan komme igjennom dommen med samvittigheten så godt, kan ikke unngå å falle inn i det Lavere Dødsrike som tilhører helevet og vil bli torturert der.

Dommen til samvittigheten, og troen til foreldrene deres

Barnas frelse kommer veldig an på deres foreldres' tro. Foreldrene skal derfor oppdra barna deres ifølge Guds vilje slik

Helvete

at deres barn ikke ender opp i helvete. Lang tid tilbake, et visst par som ikke hadde hatt noe barn fødte et barn med løfte i bønnene. Men barnet ble drept alt for tidlig i en trafikkulykke. Jeg kunne finne grunnen til deres barns' død i bønnene. Det var på grunn av at troen til barnas' foreldre ble kald og de var langt fra Gud. Barnet kunne ikke være med i barnehaven som var medlem av kirken fordi hans foreldre henga seg til det verdslige livet. Barnet begynte derfor å synge ikke-religiøse sanger istedenfor sanger som priset Gud.

På den tiden hadde barnet troen til å motta frelse, men han kunne ikke ble frelst hvis han ville vokse under påvirkning av hans foreldre. I denne situasjonen, gjennom trafikkulykken, kalte Gud barnet til evig liv og ga sine foreldre en mulighet til å angre. Hvis foreldrene kunne ha angret og kommet tilbake til Gud uten at de hadde sett deres barn bli drept så voldsomt, ville Han ikke ha brukt denne fremgangsmåten.

Foreldrenes' ansvar for barnas åndelige utvikling

Foreldrenes' tro har en direkte inflytelse på frelsen av barna deres. Barnas tro kan ikke vokse godt hvis deres foreldre ikke har noen bekymringer for deres barns åndelige utvikling, og tillater deres barn bare til søndagsskole.

Foreldre må be for deres barn, studere om de deltar i gudstjeneste med ånden og det sanne hjerte, og lærer dem å lede et liv med bønner hjemme ved å sette gode eksempler for dem.

Jeg oppmuntrer alle foreldrene til å våkne opp i deres egen tro og oppdra deres elskede barn med Herren. Jeg velsigner din familie til å nyte det evige liv sammen i himmelen.

4. Barn fra Seks Års Alderen til Før Tenårings alderen

Hvordan kan barn fra alderen seks til før tenårsalderen – rundt tolv års alderen – bli frelst?

Disse barna kan forstå evangeliet når de hører om det og de kan også avgjøre hva de vil tro på, på egen hånd, ikke helt fullstendig men ihvertfall til en viss grad.

Alderen til barna som er etablert her, kan selvfølgelig bli litt forskjellig for hvert barn fordi hvert barn vokser, utvikler seg, og modner seg med forskjellig hastighet. Den viktige faktoren er at normalt ved denne alderen, barn kan tro på Gud på egen hånd.

Ved deres egen tro uansett deres foreldres' tro

Barn mellom seks og tolv års alderen har en god forståelse for å velge troen. Derfor kan de bli frelst av deres egen tro samme hva slags tro deres foreldre har.

Dine barn, kan derfor bare komme til helvete hvis du ikke oppdrar dem i troen selv om du selv vil ha sterk tro. Det er barn som har foreldre som er hedninger. I slike tilfeller, er det vanskeligere for barn å motta frelse.

Grunnen til at jeg skjelner mellom barnas frelse før tenåringsalderen fra frelsen etter tenåringsalderen er på grunn av

Helvete

at gjennom Guds rikelige og overveldende kjærlighet, dommens samvittighet kan bli lagt til den forhenværende gruppen.

Gud kan gi disse barna en ekstra anledning til å motta frelse fordi barna i denne alderen fremdeles er under inflytelse fra deres foreldre og kan derfor ikke ta avgjørelser fullstendig på egen hånd.

Gode barn aksepterer Herren når de hører evangeliet og mottar den Hellige Ånd. De går også i kirken, men kan ikke gå i kirken senere på grunn av alvorlig forfølgelse fra deres foreldre som dyrker idoler. Men innen deres tidlige år som tenåring, kan de velge hva som er riktig og hva som er galt på egen hånd samme hvilken hensikt deres foreldre har. De kan beholde deres tro hvis de virkelig tror på Gud samme hvor alvorlig motstanden og forfølgelsen av deres foreldre vil være.

Forestill deg et barn som døde i ung alder, men som kunne hatt sterk tro hvis han hadde kunnet fått lov til å leve lenger. Hva ville så skje med ham? Gud ville føre ham til frelse ved loven om samvittighets dommen fordi Han kjenner barnets dypeste hjerte.

Men hvis et barn ikke aksepterer Herren og ikke består samvittighets dommen, vil han eller henne ikke ha noen flere sjanser og vil uunngåelig ende opp i helvete. Det er også videre forstått at frelse av mennesker etter tenåringsalderen kommer bare an på deres egen tro.

Barn født inn i elendige forhold

Frelse av bare et barn som ikke kan lage noen logisk og sikker bedømmelse kommer for det meste an på ånden (naturen, energien, eller makten) til foreldrene og forfedrene. Et barn kan bli født med noen åndssvakhet eller bli besatt av onde ånder fra veldig ung alder på grunn av ondskap og avgudsdyrking av hans eller hennes forfedre. Dette er på grunn av at etterkommere er under inflytelse av deres foreldre og forfedre.

På grunn av dette advarer Femte Mosebok 5:9-10 oss om følgende:

Du skal ikke tilbede dem og ikke tjene dem; for jeg, Herren din Gud, er en nidkjær Gud, som hjemsøker fedres misgjerning på barn, på dem i tredje og på dem i fjerde ledd, på dem som hater meg, og som gjør miskunnhet mot tusen ledd, mot dem som elsker meg og holder mine bud.

Paulus' 1. brev til Korintierne 7:14 konstaterer også at *"For den vantro mann er helliget ved sin hustru, og den vantro hustru er helliget ved sin bror; ellers var jo deres barn urene, men nå er de hellige."*

Det er også på samme måte veldig vanskelig for barn å bli frelst hvis deres foreldre ikke lever med troen.

Siden Gud er kjærlighet, snur Han seg ikke vekk fra de som roper Hans navn selv om de har vært født med ond natur fra deres foreldre og forfedre. De kan bli ført til frelse fordi Gud svarer på deres bønner når de angrer, prøver å leve ifølge Hans ord hele tiden, og roper på Han ustanselig.

Brevet til Hebreerne 11:6 forteller oss at *"Men uten tro er det umulig og tekkes Gud; for den som treder frem for Gud, må tro at Han er til, og at Han lønner dem som søker Ham."* Selv om menneskene var født med onde egenskaper, vil Gud forandre deres onde natur til en god en og føre dem til himmelen når de gleder Ham med gode gjerninger og ofringer i troen..

De som ikke kan søke Gud på egen hånd

Noen mennesker kan ikke søke Gud i troen fordi de har åndssvakhet eller de er besatt av djevelene. Hva burde de så gjøre?

I en slik situasjon, må deres foreldre eller familie medlemmer demonstrere en tilstrekkelig betydning av troen på vegne av menneskene som var her før Gud. Kjærlighetens Gud vil så åpne døren til frelse, og se på deres tro og oppriktighet.

Foreldre vil bli klandret for deres barns skjebne hvis barnet dør før han har en sjanse til å motta frelse. Jeg anbefaler deg derfor å forstå at å leve i troen er veldig viktig ikke bare for selve foreldrene, men også for deres etterkommere.

Du burde også forstå Guds hjerte som setter verdien til en sjel høyere enn hele verden. Jeg oppfordre deg til å ha massevis av kjærlighet i troen ikke bare for å passe på dine egne barn men også for å passe på barna til naboene og slektningene.

5. Var Adam og Eva Frelst?

Adam og Eva ble drevet ut til verden etter at de ulydig spiste av treet med kunnskapen om godt og ondt, og de hørte aldri om evangeliet. Ble de frelst? La meg forklare om de første menneskene Adam og Eva mottok frelse.

Adam og Eva adlød ikke Gud

I begynnelsen skapte Gud de første menneskene Adam og Eva med Hans eget speilbilde og elsket dem veldig høyt. Gud laget istand alle tingene på forhånd for deres overflodige levemåte og førte dem inn til Edens Have. Der manglet Adam og Eva ingenting.

Gud ga Adam også stor makt og myndighet for å styre alle tingene i universet. Adam styrte alle de levende tingene her på jorden, i himmelen, og under vannet. Fienden Satan og djevelen torde ikke å gå inn i Haven fordi det var voktet og beskyttet med Adams ledelse.

Når Han spaserte med dem, sørget Gud selv for deres åndelige utdannelse ganske så vennlig – på samme måte som en far ville lære hans elskede barn alt fra A til Å. Adam og Eva manglet ingenting, men de ble fristet av den slue slangen og spiste av den forbudne frukten.

Det ble til at de smakte på døden akkurat som Guds ord hadde sagt at de helt sikkert ville dø (Første Mosebok 2:17). Med andre ord, deres ånd døde selv om de hadde vært levende ånder. På grunn av dette ble de drevet ut til den materielle verden fra den vakre Edens Have. Den menneskelige oppdragelsen begynte her på denne forbannede jorden og alle tingene på den ble samtidig forbannet.

Var Adam og Eva Frelst? Noen mennesker tror kanskje at de ikke kan motta frelse fordi alle tingene ble forbannet og deres etterkommere har vært lidende på grunn av deres ulydighet i begynnelsen. Til tross for dette har den kjærlige Gud latt døren til frelse stå åpen selv for dem.

Adam og Evas' grundige angring

Gud tilgir deg så lenge du angrer med hele ditt hjerte og kommer tilbake til Ham selv om du er forurenset med mye av de originale syndene og har også begått synder mens du levde her på jorden som er full av mørkhet og ondskap. Gud tilgir deg så lenge du angrer dypt inne i ditt hjerte og kommer tilbake til Ham selv om du hadde vært en morder.

Sammenligning med menneskene i dag, ville du kunne vite at Adam og Eva virkelig hadde rene og gode hjerter. Gud underviste dem også Selv i lang tid med barmhjertig kjærlighet. Så hvordan ville Gud sende Adam og Eva til helvete uten å tilgi dem når de angret dypt inne fra deres hjerter?

Adam og Eva led så mye mens de ble oppdratt her på jorden. De hadde kunnet bo i fred og kunne spise all slags frukt hele tiden i Edens have; nå kunne de ikke spise uten å måtte arbeide hardt for maten. Eva måtte også føde med store smerter. De gråt og led av sorgen som kom fra syndene deres. Adam og Eva var også vitne til at en av deres sønner ble drept av en annen av deres sønner. Hvor mye hadde de ikke måttet savne livet under beskyttelse av Guds kjærlighet i Edens Have når de erfarte slik en smerte her på jorden? Når de bodde i Haven, verdsatte de ikke deres lykke og takket ikke Gud fordi de tok deres liv, overflod, og Guds kjærlighet for gitt. Men nå kunne de forstå hvor lykkelige de hadde vært på den tiden og de takket Gud for all den overstrømmende kjærligheten som Han hadde gitt dem. De angret til slutt grundig på deres tidligere synder.

Gud åpnet døren til frelse for dem

Belønningen av synden er døden, men Gud som styrer med kjærlighet og rettferdighet tilgir synder så lenge mennesker angrer tilstrekkelig.

Kjærlighetens Gud tillot Adam og Eva å komme inn til himmelrike etter at Han hadde mottat deres angring. Men de ble knapt frelst til å bo i Paradiset fordi Gud er også rettferdig. Deres synd – å svikte Guds kjærlighet – var ikke uten betydning. Adam og Eva har blitt ansvarlige for å nødvendiggjøre den menneskelige oppdragelsen så vel som lidelse, smerte, og døden til deres etterkommere på grunn av deres ulydighet.

Selv om Guds forsyn hadde tillat Adam og Eva å spise ifra treet med kunnskapen om godt og ondt, brakte denne spesielle handlingen med ulydighet mangfoldige mennesker til lidelse og døden. Adam og Eva kunne derfor ikke komme inn til et bedre sted innenfor himmelrike enn Paradiset og de kunne selvfølgelig

Helvete

ikke motta noen ærede belønninger.

Gud arbeider med kjærlighet og rettferdighet

La oss tenke på Guds kjærlighet og rettferdighet gjennom saken til apostelen Paulus. Apostelen Paulus var vanligvis hovedlederen som forfulgte de som trodde på Jesus og fengslet dem siden han ikke kjente riktig til Jesus. Når Steven var torturert mens han var vitne til Herren, så Paulus på at Steven ble stenet ihjel og betraktet det som riktig. Men Paulus møtte Herren og aksepterte Ham på vei til Damascus. På det tidspunktet fortalte Herren ham at han ville bli en apostel for Hedningene og ha store lidelser. Siden da angret apostelen Paulus forferdelig og ofret resten av livet sitt til Herren.

Han kunne komme inn til det nye Jerusalem fordi han fullførte hans misjon med glede til tross for mye lidelser, og var trofast nok til å oppgi sitt liv til Herren.

Det er naturens lov at du høster det du har sådd her i verden. Det er det samme i den åndelig verden. Du vil høste godhet hvis du har sådd godhet og du vil høste ondskap hvis du har sådd ondskap.

Akkurat som du kan se gjennom Paulus' sak, må du derfor passe på ditt hjerte, holde deg våken, og huske på at prøvene vil følge deg for dine tidligere onde gjerninger, selv om du er tilgitt dem ved å angre alvorlig.

6. Hva Skjedde med den Første Morderen Kain?

Hva skjedde med den første morderen Kain, som døde uten å noensinne høre evangeliet? La oss utforske om han ble frelst eller ikke av samvittighets dommen.

Brødrene Kain og Abel ga ofringer til Gud

Adam og Eva fødte barn her på jorden etter at de hadde blitt drevet ut av Edens Have: Kain var deres første sønn og Abel var Kains' yngste bror. Når de vokste opp ga de offringer til Gud. Kain brakte noe av frukten fra jorden som et offer til Gud, men Abel brakte fett porsjoner fra noen av de førstefødte i hans flokk.

Gud så med fordel på Abel og hans ofringer, men ikke på Kain og hans' ofringer. Hvorfor så Gud med fordel på Abel og hans ofringer?

Du må ikke gi Gud ofringer mot Hans vilje. Ifølge loven til den åndelige verdenen, burde du tilbe Gud med blodet fra offeret som kan tilgi syndene. I det Gamle Testamentets tider ofret derfor menneskene okser eller lam for å tilbe Gud, og i det Nye Testamentets tider, ble Jesus Guds Lam en sonende ofring ved å miste alt blodet sitt.

Gud aksepterer deg med glede, svarer på dine bønner, og velsigner deg når du tilber Ham med det ofrede blodet, det vil si, bare når du tilber Ham i ånden. Åndelig ofring menes å tilbe Gud i ånden og i sannheten. Gud mottar ikke din tilbedning med tilfredstillelse hvis du sovner eller hører budskapet i late

Helvete

tanker under gudstjenester.

Gud så med fordel bare på Abel og hans offer

Adam og Eva kjente helt naturlig til den åndelige loven angående loven om ofringene fordi Gud hadde lært dem om dens lov i Edens Have i løpet av en lang periode mens han hadde spasert med dem. Selvfølgelig har de sikkert måttet lære deres barn hvordan en gir et riktig offer til Gud.

På den ene side, tilba Abel Gud ved å ofre blodet på grunn av hans lære fra hans foreldre. På den annen side, brakte Kain ikke noen ofringer men brakte litt frukt fra jorden som et offer til Gud på grunn av hans egen tankegang.

Angående dette, Paulus brev til Hebreerne 11:14 sier, *"Ved tro bar Abel frem for Gud et bedre offer enn Kain; ved den fikk han det vitnesbyrd at han var rettferdig, idet Gud vitnet om hans gaver, og ved den taler han ennå etter sin død."*

Gud aksepterte Abels' offer fordi han åndelig tilba Gud i lydighet med Hans ønske med troen. Men Gud aksepterte ikke Kains offer fordi han ikke tilba Ham i ånden, men han bare tilba Ham ifølge hans egne standarer og metoder.

Kain drepte Abel på grunn av sjalusi

Å se at Gud bare aksepterte hans brors ofringer og ikke hans, gjorde Kain veldig sint og hans ansikt var nedslått. Til slutt angrep han Abel og drepte ham.

Innen bare en generasjon siden den menneskelige

oppdragelsen begynte her på jorden, ulydighet fikk sjalusi, sjalusi fikk grådighet og hat, og grådighet og hat ble forvandlet til mord. Hvor forferdelig er ikke dette? Du kan se hvor hurtig folk forderver deres hjerter med synd når de tillater synd å komme inn i deres hjerter. Det er på grunn av dette at du ikke burde tillate selv en liten synd til å komme inn i ditt hjerte men å fjerne det øyeblikkelig.

Hva skjedde med den første morderen Kain? Noen mennesker kommenterer at Kain kunne ikke ha bli frelst på grunn av at han drepte hans rettferdige bror Abel. Kain kjente til Gud gjennom hans foreldre. Sammenlignet med menneskene idag, menneskene på Kains dager arvet en relativt lett original synd fra deres foreldre. Kain var ren i hans samvittighet selv om han hadde drept hans bror i et øyeblikk av sjalusi.

Selv om han hadde begått mord, kunne Kain derfor angre gjennom Guds straff og Gud viste ham barmhjertighet.

Kain ble frelst etter grundig angring

I Første Mosebok 4:13-15, ber Kain Gud om at hans straff er for tung og spør Ham om barmhjertighet når han ble forbannet og ble til en restløs vandrer her på jorden. Gud svarte, *"Hvis noen slår Kain ihjel, skal han lide syvfold hevn"* og Herren ga Kain et merke, forat ikke noen som møtte ham, skulle slå ham ihjel.

Her må du innse hvor grundig Kain angret etter at han hadde drept sin bror. Bare da fikk han en måte å kommunikere med

Gud på og Gud ville gi Kain et merke for å symbolisere hans tilgivelse. Hvis Kain var fortapt og bestemt for å ende opp i helvete, hvorfor ville så Gud høre Kains innstendige bønn i første omgang, og mye mindre putte et merke på ham?

Kain måtte bli en restløs vandrer her på jorden som straff for at han drepte sin bror men mottok til slutt frelse gjennom angringen av hans synd. Men akkurat som i Adams tilfelle, var Kain kun frelst og tillatt å leve på ytterkanten – ikke engang i midten – i Paradiset.

Rettferdighetens Gud kunne ikke tillate Kain å komme inn til et bedre sted innenfor himmelrike utenfor Paradiset uansett hans angring. Selv om Kain bodde i en forholdsvis mye renere og mindre syndig tidsalder, var han fremdeles ond nok til å drepe hans egen bror.

Til tross for dette ville Kain kanskje ha kunnet kommet inn i et bedre sted i himmelrike hvis han hadde oppdratt hans onde hjerte til et godt et og hadde gjort hans beste for å tilfredstille Gud med all hans makt og hele hans hjerte. Men Kains samvittighet var ikke engang så god og ren.

Hvorfor straffer Gud ikke onde mennesker med det samme?

Du kan ha mange spørsmål mens du lever et liv i troen. Noen mennesker er veldig onde, men Gud straffer dem ikke. Andre lider av sykdommer eller dør på grunn av deres ondskap. Men andre dør fremdeles unge selv om de virker som om de er veldig trofaste til Gud.

Kong Saul var for eksempel ond nok i hjerte til å prøve å drepe David, selv om han visste at Gud hadde gjort David til konge ved guddommelig rett. Men Gud lot fremdeles Kong Saul gå ustraffet. På grunn av dette forfulgte Saul David bare mer. Dette var et eksempel på Guds forsyn. Gud ville trene David til å bli en stor kar og til slutt gjøre ham til konge gjennom den onde Saul. Det er på grunn av dette at Kong Saul døde når Guds disiplin av David var ferdig.

Likedan straffer Gud menneskene med det samme eller tillater dem å leve ustarffet, avhengig av hver enkelt person. Alt inneholder Guds forsyn og kjærlighet.

Du burde lengte etter et bedre sted i himmelrike

I Johannes' evangeliet 11:25-26 sier Jesus, *"Jeg er oppstandelsen og livet; den som tror på meg, om han enn dør, skal han da leve, og hver den som lever og tror på meg, skal aldri i evighet dø. Tror du dette?"*

De som mottok frelse gjennom å akseptere evangeliet ville med sikkerhet oppstå fra de døde, ta på seg åndelige kropper, og nyte den evige æren i himmelrike. De som fremdeles lever her på jorden vil bli fanget opp i skyene for å møte Herren i luften når Han kommer ned fra himmelrike. Jo mere du ligner Guds speilbilde, jo bedre sted i himmelrike vil du okkupere.

På dette forteller Jesus oss i Matteus 11:12 at *"Men fra døperen Johannes' dager inntil nå trenger de seg med makt inn i himlenes rike, og de som trenger seg inn, river det til seg."* Jesus ga oss et annet løfte i Matteus 16:27, *"For*

Menneskesønnen skal komme i sin Faders herlighet med sine englor, og da skal han betale enhver etter hans gjerning." Paulus' 1. brev til Korintierne 15:41 observerer også at *"En glans har solen, og en annen månen, og en annen stjernene; for den ene stjerne skiller seg fra den andre i glans."*

Du kan ikke hjelpe å lengte etter et bedre sted innenfor himmelrike. Du burde prøve å bli helligere og mere trofast i alle Guds hus slik at du kan bli tillatt å komme inn i det nye Jerusalem hvor Guds Trone befinner seg. Akkurat som en bonde ved høsting, vil Gud føre så mange mennesker som mulig til et bedre kongerike i himmelen gjennom den menneskelige sivilisasjonen her på jorden.

Du må kjenne den åndelige verdenen godt nok til å komme inn til himmelrike

Folk som ikke kjente Gud eller Jesus Kristus kunne så vidt komme inn i det nye Jerusalem selv om de ble frelst gjennom samvittighets dommen.

Det er mennesker som ikke helt kjenner skjebnen til menneskenes oppdragelse, Guds hjerte, og den åndelige verden selv om de har hørt evangeliet. Derfor vet de hverken at de mektige mennene tok det himmelske kongerike eller at de ikke har noe håp om å komme til det nye Jerusalem.

Gud forteller oss å *"Vær tro inntil døden, så vil jeg gi deg livsens krone"* (Johannes' Åpenbaring 2:10). Gud belønner deg rikelig i himmelen ifølge hva du har sådd. Belønningen er veldig skjønn fordi den varer og forblir ærende i all evighet. Når du holder dette i dine tanker, kan du forberede deg selv til Herrens vakre brud akkurat som de fem kloke jomfruene og fullføre hele ånden.

Det Første Tessalonikerbrevet 5:23 sier, *"Men han selv, fredens Gud, hellige dere helt igjennom, og må deres ånd og sjel og legeme bevares fullkomne, ulastelige ved vår Herre Jesu Kristi Komme."* Derfor må du forberede deg iherdig til Herrens brud for å fullføre hele ånden før Herren Jesus Kristus kommer tilbake, eller Gud kaller på din sjel, hvilken som kommer først.

Det er ikke nok å gå i kirken hver søndag og tilstå, "Jeg tror." Du må bli kvitt all slags ondskap og være trofast i alle Guds hus. Jo mere du tilfredstiller Gud, jo bedre sted i himmelrike vil du kunne komme til.

Jeg oppmuntrer deg til å bli et virkelig Guds barn med denne kunnskapen. I Herrens navn, ber jeg om at du ikke bare spaserer med Herren her på jorden, men også bor nærmere Guds Trone i himmelrike i all evighet.

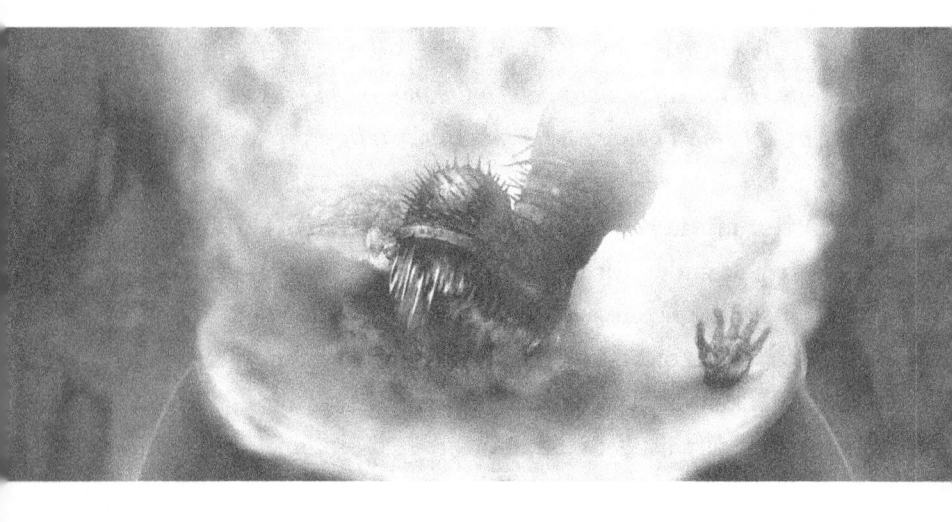

3. kapittel

Det Lavere Dødsriket og Identiteten til Helvetes Budbringer

1. Helvetes Budbringere Tar Mennesker til det Lavere Dødsriket
2. Et Ventested for Verdenen med de Onde Åndene
3. Forskjellige Straffer i det Lavere Dødsriket for forskjellige Synder
4. Lusifer har ansvaret for det Lavere Dødsriket
5. Identiteten til Helvetes Budbringere

"For så sant Gud ikke sparte engler
da de syndet, men styrtet dem ned i
avgrunnen og overgav dem til morkets
huler i varetekt til dom."
- 2 Peters 2:4 -

"De ugudelige skal fare ned til dodsriket,
alle hedninger, som glemmer Gud."
- Salmenes Bok 9:17 -

Det Lavere Dødsriket og Identiteten til Helvetes Budbringer

Ved høstingen hvert år, er bøndene lykkelige ved tanken på gode innhøstninger. Men det er vanskelig for dem å innhøste første klasses hvete hele tiden selv om de arbeider iherdig dag etter dag, natt etter natt, planter gjødningsmiddel, luker, og så videre. Blandt avlingen, ville det være annen grad, tredje grad, og til og med klinten. Folk kan ikke spise klinten som mat. Dessuten kan ikke klinten bli samlet opp sammen med hveten fordi klinten vil ødelegge hveten. Det er på grunn av dette at bonden samler opp klinten og brenner det opp og bruker det som gjødsel.

Det er det samme med Guds menneskelige oppdragelse her på jorden. Gud søker sanne barn som også har det hellige og perfekte bilde av Gud. Men det er noen mennesker som ikke blir kvitt deres synder grundig, eller andre som er fullstendig ødelagte av ondskapen og mister menneskenes gjerninger. Gud vil ha hellige og sanne barn, men Han samler også sammen selv de som døde før de ble fullstendig kvitt deres synder så lenge de prøvde å leve i troen.

På den ene side, sender Gud ikke mennesker til det forferdelige helvete hvis deres tro er på størrelse med et sennepsfrø og er avhengig av Jesus Kristus blod samme hva Hans originale hensikt med å oppdra og bare samle på de sanne barna originalt var. På den annen side, de som ikke tror på Jesus Kristus og slåss mot Gud helt til slutten, har ikke noe annet valg enn å gå til helvete fordi de har valgt å gå sin undergang i møte på grunn av ondskapen inne i dem.

Så hvordan ville ufrelsede sjeler bli ført inn til det Lavere Dødsrike og hvordan ville de bli straffet der? Jeg vil forklare i detaljer om det Lavere Dødsrike som tilhører helvete og identiteten til budbringerne i helvete.

1. Helvetes Budbringere Tar Mennesker til det Lavere Dødsriket

På den ene side kommer det to engler og fører ham til det Lavere Dødsrike som tilhører himmelrike, når en person som er frelst dør. I Lukas' evangeliet 24:4, finner vi to engler som venter på Jesus etter Hans begravelse og oppstandelse. På den annen side, kommer det to budbringere fra helvete som skal føre ham til det Lavere Dødsrike når en ufrelset person dør. Det er vanligvis mulig å vite om en person på hans eller hennes dødsleie er frelst ved å observere personens ansikts utrykk.

Før dødens øyeblikk

Menneskenes åndelige øyne er åpne rett før de dør. Personen dør stille og rolig med et smil hvis han eller henne ser englene i lyset og det døde liket ikke stivner til med en gang. Selv etter to eller tre dager, den døde kroppen hverken råtner eller gir vond lukt, og det virker som om personen fremdeles er i live.

Hvor skjelvende og forferdelig ville ikke de ufrelsede menneskene føle seg når de ser den skrekkslagne budbringeren fra helvete? De dør med forferdelig frykt, ute av stand til å lukke øynene deres.

Hvis ens frelse ikke er sikker, engler og budbringere fra helvete slåss med hverandre for å ta sjelen deres til deres respektive steder. Det er på grunn av dette at personen er så bekymret like før de dør. Hvor redd og engstelig ville han ikke være når han ser budbringere fra helvete legge anklagelser mot ham, og hele tiden si, "Han har ingen tro for å bli frelset?" Når en mann med svak tro ligger på dødsleie, burde mennesker med sterk tro hjelpe han med å få mere tro gjennom gudstjeneste og lovprisning. Da kan han få frelse ved å ha troen selv på hans dødsleie, selv om han bare mottar den skamfulle frelse og ender opp i Paradiset.

Du kan se mannen på hans dødsleie bli fredelig fordi han mottar troen til å bli frelst mens menneskene tilber og lovrpiser ham. Når en mann med sterk tro ligger på hans dødsleie, trenger du ikke å hjelpe ham å vokse eller å ha tro. Det er bedre å gi ham håp og lykke.

2. Et Ventested for Verdenen med de Onde Åndene

På den ene siden kan en person med veldig svak tro bli frelst hvis han har tro gjennom andakt og velsignelse på hans dødsleie. På den annen side, hvis han ikke blir frelst, vil budbringeren fra helvete føre ham til ventestedet som tilhører det Lavere Dødsrike og han må justere seg selv til verdenen med de onde åndene.

Akkurat som frelsede sjeler har tre dager med tilpasnings periode i det Øverste Dødsrike, ufrelsede sjeler oppholder seg også i tre dager i venterommet som ligner en stor grav i det Lavere Dødsrike.

Helvete

Tre dager med tilpasning på ventestedet

Ventestedet i det Øverste Dødsrike, hvor de frelsede sjelene oppholdt seg i tre dager, er full av jubel, fred, og håp for det ærede livet som venter på dem. Ventestedet i det Lavere Dødsrike, er imidlertidig akkurat det motsatte.

Ufrelsede sjeler ville ha levet med forferdelig smerte, mottat forskjellige slags straffer ifølge deres gjerninger her på jorden. Før de falt inn i det Lavere dødsrike, forberedet de seg selv for livet i verden med de onde åndene på ventestedet i tre dager. Disse tre dagene på ventestedet er ikke fredelig men bare begynnelsen til deres uendelige smertefulle liv.

Forskjellige slags fugler med store og spisse nebb hakker på disse sjelene. Disse fuglene er veldig stygge og motbydelige åndelige ting i ulikhet med fuglene her på jorden.

Ufrelsede sjeler er allerede separerte fra deres kropper og du vil kanskje tro at de derfor ikke kjenner noen smerter. Men allikevel kan disse fuglene skade dem fordi fugler på ventestedet er også åndelige skapninger.

Når fuglene hakker på sjelene, blir deres kropper revet opp med blødning og blir også flådd. Sjelene prøver å komme seg unna hakkingen av fuglene, men de kan ikke. De bare kjemper og krøker seg sammen skrikende. Noen ganger kommer fuglene for å nappe ut øynene.

3. Forskjellige Straffer i det Lavere Dødsriket for forskjellige Synder

Etter det tre dagers oppholdet på ventestedet, blir de ufrelsede sjelene plassert på forskjellige steder med straff i det Lavere Dødsrike ifølge deres synder her på jorden. Himmelrike er veldig stort. Helvete er også så stort at det er mangfoldige separerte steder for å immøtekomme ufrelsede sjeler selv i det Lavere Dødsrike, som bare er en del av helvete.

Forskjellige straffesteder

Alt i alt er det Lavere Dødsrike mørkt og fuktig, og sjelene kan føle den brennende varme der. Ufrelsede sjeler vil hele tiden bli torturerte med pisking, hakking, og voldsomhet.

Her på jorden når ditt ben eller din arm blir kuttet av, må du leve uten benet eller armen. Når du dør, dine smerter og vanskeligheter ville forsvinne når du døde. Men i det Lavere Dødsrike, hvis du får din nakke avkuttet, vil din nakke fornye seg selv. Selv om du har en del av din kropp avkuttet, vil din kropp ganske snart bli hel igjen. Akkurat som du ikke kan skjære vann med det skarpeste sverdet eller kniven, ingen tortur, hakking, eller riving av kroppsdeler til små biter kan slutte denne pine.

Dine øyne vil bli nye rett etter at fuglene hakker på dem. Selv om du er såret og dine organer strømmer ut, ville du ganske raskt bli ny igjen. Du vil begynne å blø uten at det vil stoppe, mens du er torturert, men du kan ikke dø der på grunn av at blodet ditt vil raskt fylle seg opp igjen. Dette forferdelige mønsteret

Helvete

torturerer deg hele tiden. Det er på grunn av dette at det er en elv med blod som kommer fra de blødende sjelene i det Lavere Dødsrike. Husk at en ånd er udødelig. Når det blir torturert om igjen og om igjen i all evighet, vil dens smerter også vare i all evighet. Sjeler tigger om å dø, men de hverken kan eller har tillatelse til å dø. Fra ustoppelige torturer, er det Lavere Dødsrike full av mennesker som hyler, grynter, og blodige råtne lukter.

Plagende gråting i det Lavere Dødsrike

Jeg antar at noen av dere har selv erfart krigen. Hvis ikke har du kanskje sett forferdelige bilder som illustrerer gråting og smerter i krigsfilmer eller historiske dokumentarfilmer. Skadede mennesker er her og der. Noen av dem mister deres armer og ben. Øynene deres er ødelagte og til og med inneholdet i hjernen deres er blåst helt ut. Ingen vet når artilleri fyrverkeri vil regne ned på ham eller henne. Stedet er fullt av trykkende røyk fra artilleriet, grusom lukt, grynting, og hyling. Mennesker vil kanskje kalle noe slikt "helvete på jorden."

Men dette forferdelige bildet av det Lavere Dødsrike er dessuten mye mere miserabelt enn det verste scene bildet på noen som helst slagmark her på jorden. Sjelene i det Lavere Dødsrike lider ikke bare av den nåværende torturen, men også av frykten om torturen som kommer.

Lidelsene er for mye for dem og de prøver forgjeves å rømme fra den. Hva som videre venter på dem er bare den glovarme flammen og svovelen i det dypere helvete.

Hvor beklagelig og dypt beklagende sjelene ville være når de så på den brennende svovelen i helvete, og sier, "Jeg burde ha trodd når de forkynnet om evangeliet...Jeg burde ikke ha syndet...!" Men det finnes ingen annen anledning og det finnes heller ingen frelse for dem.

4. Lusifer har ansvaret for det Lavere Dødsriket

En kan ikke på noen måte forstå hva slags straff det finnes i det Lavere Dødsrike. Akkurat som tortureringsmetoder er forskjellig her i verden, kan det samme bli sagt for tortureringene i det Lavere Dødsrike.

Noen vil kanskje lide av at deres kropper råtner. Andre vil kanskje ha deres kropper spist eller tygget på og blodet suget ut av forskjellige slags insekter. Mens andre blir presset opp mot glohete stener eller forblir stående på sanden med temperaturen syv ganger høyere enn de som er funnet på strendene eller i ørkenen her på jorden. I noen tilfeller torturerer selve budbringerne fra helvete sjelene. Andre tortureringsmetoder involverer vann, ild, og andre utenkelige metoder og utstyr.

Kjærlighetens Gud styrer ikke dette stedet som er for de ufrelsede sjelene. Gud har gitt den onde ånden myndighet til å styre over dette stedet. Sjefen over alle onde ånder, Lusifer, styrer det Lavere Dødsrike, hvor ufrelsede sjeler som klinten må oppholde seg. Det er ingen barmhjertighet eller medlidenhet her, og Lusifer har kontrol over hver del av det Lavere Dødsrike.

Lusifers identitet, overhodet til alle de onde åndene

Hvem er Lusifer? Lusifer hadde vært en av erkeenglene, som Gud hadde elsket veldig høyt og kalte ham "morgengryens sønn" (Esaias 14:12). Likevel kjempet han mot Gud og ble derfor den onde åndens overhode. Englene i himmelrike har ikke humanitet og fri vilje. De kan derfor ikke velge ting på egen hånd og de kan bare følge befalinger akkurat som roboter, men Gud gir spesielt noen engler humanitet og deler kjærlighet med dem. Lusifer, som var en av disse englene, var ansvarlig for den himmelske musikken. Lusifer æret Gud med hans vakre stemme og musikk instrumenter og tilfredstilte Gud ved å synge om Guds ære.

Men han ble gradvis arrogant på grunn av Guds spesielle kjærlighet til ham og hans ønske om å bli høyere og mektigere enn Gud førte til at han på slutten gjorde opprør mot Ham.

Lusifer utfordret og gjorde opprør mot Gud

Bibelen forteller oss at mangfoldige engler fulgte Lusifer (Peters 2. brev 2:4; Judas' brev 1:6). Det er utallige engler i himmelrike og omkring en tredjedel av dem følger Lusifer. Du kan bare inbille deg hvor mange engler som sluttet seg sammen med Lusifer. Lusifer gjorde opprør mot Gud ved hans arroganse.

Hvordan var det mulig for mangfoldige engler å følge Lusifer? Du kan lett forstå dette hvis du tenker på at engler bare adlyder befalinger på samme måte som roboter gjør det.

Først vant Lusifer støtte fra noen ledende engler, som var

under hans innflytelse, og så fikk han lett underordnede engler under de ledende englene. Utenom englene, dragene og en del av englebarna blandt de åndelige vesenene fulgte også Lusifers opprør. Lusifer som utfordret Gud med opprør, var tross alt beseiret og kastet vekk sammen med hans tilhengere fra himmelrike hvor han originalt kom fra. Så ble de fengslet i Abyssen til de kunne bli brukt til den menneskelige oppdragelsen.

"Hvor er du ikke falt ned fra himmelen, du strålende stjerne, du morgengryens sønn! Hvor er du ikke felt til jorden, du som slo ned folkeslag! Det var du som sa i ditt hjerte: 'Til himmelen vil jeg stige opp, høyt over Guds stjerner vil jeg reise min trone, og jeg vil ta sete på stjernenes tingfjell i det ytterste nord, jeg vil stige opp over skyenes topper, og jeg vil gjøre meg lik den Høyeste.' Nei, til dødsrike skal du støtes ned, til hulens dypeste bunn" (Esaias 14:12-15).

Lusifer var utrolig vakker mens han var i himmelriket med Guds overflytende kjærlighet. Men etter opprøret, ble han stygg og sjokkerende.

Mennesker som så ham med deres åndelige øyne sier at Lusifer er så stygg at du vil se på ham som avskyelig selv om du bare så ham. Han ser dyster ut med hans sjuskete hår farvet i forskjellige farver som rød, hvit, og gul, flygende høyt oppe i luften.

I dag får Lusifer menneskene til å imitere ham i klesveien og

Helvete

hårfasong. Når mennesker danser, er de ville, bråkende, og stygge, og peker med deres fingre.

Dette er nåtidens trend som Lusifer skaper og de vokser gjennom massemedier og kulturer. Disse trendene kan skade menneskenes følelser og føre dem inn i kaos. Disse trendene narrer også menneskene til å holde seg vekk fra Gud og til og med å nekte Ham.

Guds barn skulle være annerledes og ikke falle inn til verdslige trender. Hvis du falt inn i verdslige trender, ville du naturligvis holde deg vekk fra Guds kjærlighet fordi verdslige trender tar vekk ditt hjerte og dine tanker (Johannes' evangeliet 2:15).

Onde ånder gjør det Lavere Dødsriket til et forferdelig sted

På den ene side, kjærlighetens Gud er godheten selv. Han gjør istand alle tingene for oss i Hans kloke og gode tanker og bedømmelse. Han vil at vi skal leve uendelige i den beste lykke i det vakre himmelrike. På den annen side, Lusifer er selve ondskapen. Onde ånder som er følgere av Lusifer tenker alltid på veier å torturere mennesker voldsommere. I deres onde kunnskap, gjør de det Lavere Dødsriket til et mer forferdelig sted ved å planlegge all slags torturerings metoder.

Selv i denne verdenen, gjennom historien, vil mennesker planlegge forskjellig slags metoder med tortur. Når Korea ble ledet av Japan, torturerte japanserne de koreanske lederne som var medlem av den nasjonale frihetsbevegelsen ved å bore hull under fingerneglene deres med en bambusnål eller dra av deres fingernegler eller tånegler en etter en. De helte også en blanding av rød pepper og vann inn i øynene og neseborene til bevegelsens ledere mens de hang opp ned. Forferdelig lukt av brennende kjøtt overveldet tortureringsrommet fordi japanesernes torturist brente forskjellige deler av kroppene deres med glovarme metall deler. Deres indre organer vellet ut fra deres maver når de ble slått kraftig.

Hvordan torturerte menneskene forbryterne gjennom den koreanske historien? De ville snurre på forbryterens ben som en form for tortur. Forbryteren ble bundet ovenfor anklene og knærne og så ble to pinner insatt mellom hans to legger. Knoklene i benene til forbryteren ble knust i biter ettersom torturisten flyttet de to pinnene. Kan du forestille deg hvor smertefult det måtte ha vært?

Torturene som ble gjort av menneskene er like ille som hva vi kan forestille oss. Så hvor mye mer ondskapsfull og miserabel ville det bli når den onde ånden med mye kraftigere kunnskaper og muligheter torturerte ufrelsede sjeler? Det er deres lidenskap å lage forskjellige metoder med tortur for så å gi det til de ufrelsede sjelene.

Det er på grunn av dette at du må kjenne til verdenen med de onde åndene. Da kan du herske, kontrollere, og overvinne dem. Du kan ganske lett overvinne dem når du holder deg selv hellig og ren uten å tilpasse seg etter mønsteret her i verden.

5. Identiteten til Helvetes Budbringere

Hvem er disse budbringerne i helvete som torturerer de ufrelsede menneskene i det Lavere Dødsrike? De er syndige underordnede engler som opprørende fulgte Lusifer før tidens begynnelse.

Og om at de engler som ikke tok vare på sin høye stand, men forlot sin egen bolig, dem holder han i varetekt i evige lenker under mørket til dommen på den store dag (Judas' brev 1:6).

De syndige englene kan ikke komme ut i verden fritt på grunn av at Gud har forlatt dem i mørket til Dommen av den Store Hvite Tronen. Noen mennesker påstår at de onde åndene er syndige engler, men det er ikke sant. De onde åndene er ufrelsede sjeler som er løslatt fra det Lavere Dødsriket for å gjøre deres arbeide under spesielle omstendigheter. Jeg vil forklare om dette i detaljer i 8. kapittel.

Engler som hadde syndet med Lusifer

Gud forlot de syndige englene i mørket – helvete – for Dommen. De syndige englene kan ikke komme ut her til denne verdenen untatt under spesielle omstendigheter.

De hadde vært veldig vakre helt til de gjorde opprør mot Gud. Men budbringerne i helvete har hverken vært vakre eller strålende helt siden de syndet og ble forbannet.

De ser så triste ut at du vil bli ergelige på dem. Deres speilbilde er i likhet med ansiktene til menneskene, eller de har på seg ansiktsmasker av forskjellige slags avskyelige dyr.

Deres utseende er i likhet med de avskyelige dyrene som for eksempel griser som det er skrevet om i Bibelen (Tredje Mosebok 11). Men de har forbannede, stygge speilbilder. De pynter også deres kropper med groteske farver og mønster.

De har på seg jernrustning og militærsko. Skarpe instrumenter med tortur blir satt godt fast på kroppene deres. De har ofte en kniv, et spyd, eller en pisk i hendene deres.

De beholder en dominerende holdning og du kan føle deres sterke makt når de flytter på seg på grunn av at de anvender deres fullstendige makt og autoritet i mørket. Mennesker er veldig redde for de onde åndene. Men budbringerne i helvete er mye mere sjokkerende enn de onde åndene.

Budbringerne fra helvete torturerer sjelene.

Hva nøyaktig er rollen til budbringerne fra helvete? Det er hovedsakelig å torturere de ufrelsede sjelene ettersom de tar ansvaret for helvete.

Klarere torturer utført av budbringerne fra helvete er reservert for de med tyngre straffer i det Lavere Dødsrike. For eksempel, budbringerne som har på seg masker av stygge griser, skjærer opp sjelenes kropper eller oppblåser dem som ballonger og smeller eller pisker dem.

I tillegg torturerer de mennesker med forskjellige metoder. Selv barn kan ikke se bort i fra tortur. Hva som gjør våre ånder

Helvete

ødelagte er det faktum at budbringerne i helvete stikker eller slår barna for gøy skyld. Derfor burde du gjøre ditt beste for å forhindre selv en sjel fra å falle inn i helvete som er et ondskapsfult, miserabelt, og forferdelig sted fyllt med smerter som aldri tar slutt.

Jeg var på dødens dørterskel fra usedvanlig mye stress og overanstrengelse i 1992. På det tidspunktet, viste Gud meg mange kirkemedlemmer som fulgte denne verdens forløp. Jeg håpet inderlig at jeg ville kunne dra til Herren helt til jeg så dette bildet. Men jeg kunne ikke lenger være med Herren fordi jeg visste at mange av mine sauer ville falle inn i helvete.

Derfor forandret jeg min mening og spurte Gud om å vekke meg opp. Gud ga meg styrke med en gang og til min overraskelse, kunne jeg stå opp fra mitt dødsleie og bli helt frisk. Guds makt oppvekket meg. Fordi jeg visste så godt og så mye om helvete, bekjentgjorde jeg flittig hemmeligheten om helvete som Gud hadde avslørt for meg i håp om å frelse bare en eneste sjel til.

4. kapittel

Straffene I det Lavere Dødsriket for Ufrelsede Barn

1. Foster og Spedbarn
2. Små Barn
3. Barn som er Gamle Nok til å Gå og Snakke
4. Barn i Alderen fra seks til Tolv
5. Ungdom Som gjorde narr av Profeten Elias

"Ødeleggelse komme over dem!
La dem fare levende ned i dødsriket!
For ondskap hersker i deres bolig, i deres hjerte."
- Salmenes Bok 55:15 -

"Derfra gikk han opp til Betel, og mens han gikk oppetter veien,
kom det noen smågutter ut fra byen; de spottet ham og ropte til ham:
'Kom her opp, din snauskalle! Kom her opp, din snauskalle!'
Da han så vendte seg om og fikk se dem,
lyste han forbannelse over dem i Herrens navn; da kom det to
bjørner ut av skogen og sønderrevet to og førti av barna."
- 2 Kongebok 2:23-24 -

I det forrige kapittelet, beskrev jeg hvordan den syndige erkeengelen Lusifer styrer helvete og hvordan andre syndige engler leder under Lusifers styring. Budbringerne i helvete torturerer ufrelsede sjeler ifølge deres synder. Generellt er straffen i det Lavere Dødsriket delt opp i fire nivåer. Den letteste straffen er påført mennesker som faller inn i helvete på grunn av samvittighetens dom. Den tungeste straffen blir påført mennesker hvor samvittighetene er stemplet akkurat som de gjør det med varme jern og som stod opp mot Gud på samme måte som Judas Iskariot gjorde det ved å selge Jesus for hans personlige fortjeneste.

I senere kapittel, vil jeg forklare i detaljer om hva slags straffer som ble gitt til de ufrelsede sjelene i det Lavere Dødsrike som tilhørte helvete. Før vi forsker inn i straffene som blir påført de voksne, vil jeg diskutere hva slags straffer som blir påført de ufrelsede barna i forskjellige aldersgrupper.

1. Foster og Spedbarn

Selv et tankeløst barn, kan komme til det Lavere Dødsriket hvis han ikke kunne komme forbi samvittighets dommen på grunn av den syndige naturen inne i ham som han arvet av hans utroende foreldre. Barnet ville motta en relativt lett straff fordi hans synd er lett i forhold til en voksens, men han lider fremdeles av sult og utrolige smerter.

Helvete

Spedbarn gråter og lider av sult

Avvente barn som ikke ennå kan gå eller snakke er kategorisert og begrenset på et stort sted.de kan ikke tenke, flytte på seg, eller spasere på egen hånd på grunn av at ufrelsede barn har det samme karakteristiske egenskapen og samvittigheten som de hadde når de døde. De vet heller ikke hvorfor de er i helvete fordi de har ikke noen kunnskap registrert i hjernen deres. De bare gråter av sult helt naturlig uten å kjenne deres mødre og fedre. En budbringer fra helvete vil stikke et spedbarns mave, arm, legg, øye, fingernegl, eller tånegl med en spiss gjenstand som ligner et vridbor. Barnet begynner så å gråte skingrende og budbringeren fra helvete bare ler av barnet med fornøyelse. Selv om de gråter hele tiden, ingen tar vare på disse spedbarna. Deres gråting fortsetter gjennom utmattelse og forferdelig smerte. Budbringerne fra helvete samler seg noen ganger rundt omkring, plukker opp et barn, og blåser luft inn i barnet akkurat som en ballong. Så kaster, sparker, eller leker de ballspill med spedbarnet bare for gøy skyld. Hvor grusomt og ille er ikke dette?

Forlatte fostere ble fratatt deres varme og betryggelse

Hva er skjebnen til de ufødte spedbarna som dør før de er født? Akkurat som jeg allerede hadde forklart, de fleste av dem er frelst, men det er noen unntak. Noen fostere kan ikke bli frelst fordi de har blitt født med den verste egenskapen som er arvet fra deres foreldre som hadde snudd seg seriøst vekk ifra Gud og gjorde veldig onde gjerninger. Sjelene til de ufrelsede fosterene er også begrenset til et sted akkurat som den med avventende spedbarn.

De er ikke torturert så forferdelig som sjelene til de eldre menneskene fordi de ikke hadde noen samvittighet og begikk ikke noen synder helt til de døde. Deres straff og forbannelse er at de blir forlatt uten noe varmen eller betryggelsen som de følte i deres mors livmor.

Kropps bygningene i det Lavere Dødsriket

I hvilken form finnes de ufrelsede sjelene i det Lavere Dødsrike? På den ene side, hvis et avvennet barn dør, blir han stengt inne der i form av et avvendende barn. Hvis et foster dør i morens livmor, blir han bevart i det Lavere Dødsriket som et foster. På den annen side, frelsede sjeler i himmelen vil få nye gjenopplivede kropper ved Jesus Kristus' andre tilbakekomst selv om de har de samme formene som her på jorden. På den tiden ble alle forvandlet til vakre 33 åringer akkurat som Herren Jesus og vil kle på seg en åndelig kropp. En kort person vil ha den mest optimale høyden og en person som savner et ben eller en arm vil ha hans eller hennes kroppsdeler helbredet.

Men uhelbredede sjeler i helvete kan ikke ta på seg en ny gjenopplivet kropp selv etter Herrens Andre Tilbakekomst. De kan ikke bli fornyet fordi de har ikke fått noe liv fra Jesus Kristus og de er derfor i samme form som de hadde når de døde.Deres ansikter og kropper er bleke og mørke blå – akkurat som lik – og deres hår ustelt på grunn av skrekk i helvete. Noen har på seg filler, andre bare et par tøystykker, og andre har ingenting å dekke kroppene deres med.

I himmelen, har frelsede sjeler på seg vakre hvite kapper og speilblanke kroner. I tillegg, skinnet fra kappene og dekorasjonene er forskjellig ifølge hver persons ære og belønning. I helvete er det omvendt, hvor utseende til de ufrelsede sjelene er forskjellig ifølge hvor mye og hva slags synd de har.

2. Små Barn

Nyfødte barn vokser og lærer å stå opp, stabber, og å si et par ord. Når disse små barna dør, hva slags straff vil de få?

Små barn er også satt i en gruppe på et sted. De lider instinktivt på grunn av at de ikke kunne tenke logisk eller dømme ting følsomt når de døde.

Små barn gråter etter deres foreldre med uutholdelig skrekk

Små barn er bare to til tre år gamle. De kjenner derfor ikke selv igjen deres død og vet ikke hvorfor de er i helvete, men de husker fremdeles deres mødre og fedre. Det er på grunn av dette at de hele tiden gråter, "Hvor er du mamma? Pappa? Jeg vil dra hjem! Hvorfor er jeg her?"

Mens de bodde her på jorden, kom deres mødre hurtig og holdt dem stramt mot deres bryst når, for eksempel, de falt og skrubbet knærne deres. Men deres mødre kommer ikke for å trøste dem selv om de skriker og gråter når deres kropper er våte av blod. Skriker et barn ikke ut i tårer med frykt når han mister hans mor i et shoppingsenter eller i et varemagasin? De kan ikke finne foreldrene deres som vil beskytte dem fra dette forferdelige helvete. Dette faktumet alene er fryktelig nok til å føre dem til uutholdelig skrekk. De truende stemmene og den groteske latteren til budbringerne fra helvete tvinger spedbarn til å hyle gråtende ut enda høyere, men alt er udugelig. For at tiden skulle gå fortere, slo budbringerne i helvete på ryggen til de små barna, og tråkket på dem eller pisket dem. Da prøver de sjokkerte og lidende små barna å krype sammen eller å springe vekk fra dem. Men på et slikt overbefolket sted, de små barna kan ikke springe avgårde, og mens de snifler og tårene renner, blir de fanget inn i hverandre, trampet på, og skadet og flenget mens de blør overalt. Under disse omstendighetene, vil barn hele tiden gråte på grunn av et de lengter etter deres mødre, er sultne og skrekkslagne. Slike omstendigheter alene er "helvete" for disse spedbarna.

Det er nesten umulig for barn i to eller tre års alderen å ha begått seriøse synder eller forbrytelser. Men uansett dette, er de straffet forferdelig på denne måten på grunn av deres originale synder og de syndene som de selv har begått. Så hvor mye mere forferdelig ville voksne, som begår mer seriøse synder enn barn, bli straffet i helvete?

Men alle kan bli frie fra straffen i helvete hvis han bare aksepterer Jesus Kristus som døde på korset og fornyet oss, og som lever i lyset. Han kan bli ledet inn til himmelrike siden han er tilgitt sine synder fra fortiden, nåtiden, og fremtiden.

Helvete

3. Barn som er Gamle Nok til å Gå og Snakke

Små barn som begynner å spasere og si et eller to ord, springer og snakker godt når de når tre års alderen. Hva slags straffer vil disse små barna, fra tre til fem års alderen, motta i det Lavere Dødsrike?

Budbringere i helvete forfølger dem med spyder

Barn i alderen tre til fem års alderen er separert i et mørkt og stort sted og forlatt til å bli straffet der. De springer av gårde over alt med all deres makt for å kunne unngå at budbringerne fra helvete skal forfølge dem med tre tannede spyd i hendene deres.

Et tre tannet spyd er et spyd som har en ende som er delt inn i tre deler. Budbringerne fra helvete forfølger sjelene til disse barna, stikker dem med spyd på samme måte som en jeger springer etter hans vilt. Til slutt kommer disse barna til en fjellskrent, og langt nede ved fjellskrenten, ser de vann som koker akkurat som lava fra en aktiv vulkan. I begynnelsen nøler disse barna med å hoppe ned fra denne fjellknatten, men er tvunget til å hoppe i det kokende vannet for å unngå budbringeren fra helvete som forfølger dem. De har ingen annen utvei.

Kjempe for å komme seg ut av det kokende vannet

Barn kan unngå stikkingen med spydene fra budbringerne, men nå har de havnet i det kokende vannet. Kan du i det hele tatt forestille deg hvor smertefult dette måtte være? Barn kjemper til og med om å få deres ansikter over det kokende vannet, siden det kommer inn i nesen og munnen deres. Når budbringerne ser dette, erter de barna, og sier, "Er ikke dette gøy?" eller "Å, dette er så vidunderlig!" Da roper budbringerne ut, "Hvem lot disse barna falle inn i helvete? La oss føre disse foreldrene til døden, bring dem hit når de dør, og la dem se på at deres barn lider og blir torturert!"

Akkurat da blir barna som kjemper for å rømme fra det kokende vannet fanget i et stort nett akkurat som fisk som blir fanget i et nett og kastet tilbake til det originale stedet hvor de kom fra da de begynte å springe avgårde. Fra nå av blir denne smertefulle prosessen, hvor barna springer avgårde fra budbringerne i helvete på grunn av at de blir forfulgt med spyd og at de hopper ned i det kokende vanne, gjentatt gang på gang uten noen ende.

Disse barna er bare tre til fem år gamle; de kan ikke springe veldig godt. Men de prøver fremdeles å springe så fort de kan for å unngå forfølgelsen av budbringerene fra helvete som kommer etter dem med spyd helt til de kommer til stupet. De hopper inn i det kokende vannet og kjemper igjen for å komme seg ut av det. De blir så fanget i et stort nett og kastet tilbake til det opprinnelige stedet. Denne rutinen er gjentatt uendelig. Hvor grusomt og ille dette er!

Har du noensinne brent din finger på et varmt strykejern eller en kjøttgryte? Du vil kanskje nå vite hvor varmt og smertefullt det var. Innbill deg nå at hele din kropp er gjennomvåt med det kokende vannet, eller at du er druknet i det kokende vannet i en

83

stor gryte. Det er smertefullt og forferdelig å bare tenke på det.

Hvis du noensinne har hatt en tredjegrads forbrenning, vil du kanskje huske hvor smertefullt det var. Du vil også kanskje huske det rødlige kjøttet på innsiden, den brennende lukten av kjøttet, og den forferdelige lukten av det råtne døde cellene i det brennende kjøttet.

Selv om den brente delen er helbredet, blir det ofte stygge arr igjen. De fleste mennesker har vanskeligheter med å ha kameratskap med mennesker som har slike arr. Noen ganger kan til og med offerets familiemedlemmer heller ikke spise med ham. I løpet av behandlingen, pasienten vil kanskje ikke tåle skrapingen av det brente kjøttet, og i de verste tilfellene, utvikler en slik paisent sinnslidelse eller gjør selvmord på grunn av den kvelende sensasjonen og smertene med behandlingen. Hvis et barn lider av et brannsår, kan også hans foreldres hjerte føle smerten.

Men den værste forbrenningen her i verden er ikke i likhet med den straffen som de ufrelsede små barna vil motta i helvete gjentatte ganger uten noen som helst ende. Omfatningen av smerten og mishandlingen som disse straffene gir til disse barna i helvete er simpelthen utenfor vår fantasi.

Ingen steder å springe eller gjemme seg fra disse gjentatte straffene

Barna springer og springer for å unngå budbringerne fra helvete som forfølger dem med tre tannede spyd i hendene deres, og de faller inn i det kokende vannet fra et stup på enden av veien. De drunker helt under i det kokende vannet. Det kokende vannet setter seg på kroppen akkurat som en viskos lava og lukter forferdelig. Det motbydelige og klissete kokende vannet kommer inn i neseborene og munnene mens de kjemper for å komme seg ut av bassenget med det kokende vannet. Hvordan er dette sammenlignet med noen som helst forbrennelse her i verden, samme hvor seriøst det må være? Disse barna er ikke sløve med deres følelser selv om de gjentatte ganger blir torturert uten stopp. De kan ikke bli gale, svime av slik at de ikke kan huske noe eller bli glemsk når det kommer til smerter selv for en liten stund, eller begå selvmord for å unngå smertene i helvete. Hvor miserabelt dette er!

Dette er hvordan barn rundt tre, fire, eller fem års alderen lider av slike forferdelige store smerter i det Lavere Dødsriket som en lidelse for deres synder. Kan du da eventuelt forestille deg hvilken straffende omfatning som venter på de eldre menneskene i de andre delene av helvete?

4. Barn i Alderen fra seks til Tolv

Hva slags straff vil bli gitt til de ufrelsede barna fra alderen seks til tolv i det Lavere Dødsriket?

Begravet i en elv med blod

Siden tidens begynnelse, mangfoldige ufrelsede sjeler har mistet deres blod mens de ble forferdelig torturert i det Lavere

Helvete

Dødsriket. Hvor mye blod ville de ha mistet spesielt siden deres armer og ben har blitt fornyet med en gang de ble kuttet av? Mengden av deres blod er tilstrekkelig til å lage en elv fordi deres straff er gjentatt uten noen slutt uansett hvor mye blod en allerede har mistet. Selv i denne verdenen, etter en stor krig eller massakre, menneskenes blod lager et stort basseng eller en liten bekk. I en slik situasjon, er luften fylt med forferdelig lukt som kommer fra det råtne blodet. På varme sommerdager, er lukten verst, og alle slag farlige insekter svermer og smittefarlige sykdommer blir epidemi.

I det Lavere Dødsriket, er det ikke et lite basseng eller en liten bekk, men en vid og dyp elv med blod. Barn i alderen fra rundt seks til tolv er straffet på elvebredden og begravd der. Jo mere seriøs synden er som de har begått, jo nærmere elven og dypere ned er de begravd.

Grave i bakken

Barn som er langt fra elven med blodet er ikke begravd i jorden. Men fremdeles er de så sultne at de holder på å grave i den harde bakken med bare deres hender mens de søker etter noe å spise. De graver fortvilet og helt forgjeves til de mister neglene deres, og fingertuppene deres blir helt stubbete. Deres finger er slitt ut til halvparten av deres originale størrelse og gjennombløte av blod. Selv benene i fingrene deres er synlig. Til slutt blir håndflatene deres og deres fingertupper slitt ut. Men uansett denne smerten, blir disse barna tvunget til å grave med et lite håp om å finne mat.

Ettersom du nærmer deg elven, kan du lett oppdage at barna er ondere. Jo ondere barna er, jo nærmere elven blir de plasert. De slåss også med hverandre for å bite av dens andres kjøtt når de er forferdelig sultne, mens de er begravet helt til livet i jorden.

De ondeste barna er straffet rett ved elvebredden og de er begravet helt til deres nakke i jorden. Mennesker her på jorden vil omsider dø hvis de er begravd opp til nakken i jorden, fordi blodet ikke kan sirkulere gjennom kroppen. Det faktum at det ikke er noen død betyr bare en endeløs kamp for de ufrelsede sjelene som er straffet i helvete.

De lider av den forferdelige lukten fra elven. Alle slags farlige insekter som mygg eller fluer fra elven biter barnas ansikter, men de kan ikke smekke til insektene på grunn av at de er begravet nede i jorden. Til slutt blir deres ansikter hovne til den grad at de ikke lenger kan bli gjenkjente.

Ulykkelige barn: leker for budbringerne i helvete

Dette er ikke i noen grad slutten på barnas lidelser. Deres trommehinner kan sprekke på grunn av kraftig latter fra budbringerne i helvete når de hviler seg på elvebredden, leende og pratende med hverandre. Budbringerne fra helvete, når de hviler, tråkker også på eller sitter på hodene til disse barna som er begravet i jorden.

Klærne og skoene til budbringerne fra helvete er utstyrt med de skarpeste gjenstandene. Barnas hoder er derfor knust, deres ansikt er ødelagt, eller deres hår er dratt ut i klumper når budbringerene tråkker eller sitter på disse barna. Budbringerne flenget også barnas ansikter eller tråkket deres hoder ned under deres føtter. Hvor grusom straff er ikke dette? Du vil kanskje lure på, "Er det mulig for barn i barneskolealderen å ha begått nok synder til å motta en slik forferdelig straff?" Men samme hvor unge disse barna ville være, har de den originale synden og syndene som de begikk på egen hånd. Den åndelige loven, som dikterer at "belønningen til synden er døden," gjelder over alt for alle personer samme hvor gammel han eller henne er.

5. Ungdom Som gjorde narr av Profeten Elias

Annen Kongebok 2:23-24 viser en scene hvor profeten Elias fra Jeriko dro opp til Bethel. I det profeten spaserte langs med veien, kom det noen ungdommer fra byen og hånet ham, og sa "Gå opp, din skalling!" Siden han ikke lenger kunne tåle dem, forbannet Elias til slutt barna. To binner kom og "maltrakterte to og førti" av disse barna. Hva tror du skjedde med de to og førti barna i det Lavere Dødsriket?

Begravet opp til deres nakker

To hun bjørner maltrakterte to og førti barn. Da kan du tenke deg hvor mange barn som må ha fulgt og hånet profeten. Elias var en profet som utførte mange av Guds mektige arbeider. Med andre ord, Elias kunne ikke ha forbannet dem hvis de hadde hånet ham med bare et par ord.

De fortsatte med å følge ham og håne ham, og sa "Gå opp, din skalling!" Og dessuten kastet de stener på ham og stakk ham med en pinne. Profeten Elias må sikkert ha advart dem og skjennet på dem i begynnelsen, men han ville bare ha forbannet dem fordi de var altfor onde til å bli tilgitt.

Denne episoden fant sted for flere tusen år siden når menneskene hadde mye bedre samvittighet og ondskap fikk ikke så mye makt over ting som det gjør idag. De barna må ha vært onde nok til å håne og gjøre narr av en gammel profet som Elias, som utførte Guds mektige arbeid.

I det Lavere Dødsriket, er disse barna straffet i nærheten av elven med blodet samtidig som de er begravd opp til halsen deres. De kveles av den værste lukten fra elven, og blir også stukket av alle slags farlige insekter. I tillegg, er de grusomt torturert av budbringerne fra helvete.

Foreldre må styre deres barn

Hvordan oppføre barna i dag seg? Noen av dem forlater deres venner ute i kulden, tar deres lommepenger eller lunsjpenger, slår dem, og til og med brenner dem med sigarett sneiper – alt på grunn av at de ikke liker dem. Noen barn begår selvmord fordi de ikke lenger kan holde ut slike forferdelige trakasseringer igjen og igjen. Andre barn organiserer organiserte gjenger når de kun er i barneskolene, og til og med dreper folk, ved å imitere en beryktet forbryter.

Foreldre burde derfor oppdra deres barn på en slik måte at de forhindrer dem i å følge denne verdens forløp og fører dem

Helvete

istedenfor til å utvikle og leve et trofast liv ved å frykte Gud. Hvor forferdelig sørgelig ville du ikke bli hvis du kom inn til himmelen og så dine barn bli torturert i helvete? Det er forferdelig smertefullt bare å tenke på det.

Derfor burde du oppdra dine elskede barn til å leve i troen ifølge sannheten. For eksempel burde du lære dine barn å ikke snakke eller springe rundt omkring i løpet av en gudstjeneste, men å be og ære med hele deres hjerte, sinn og sjel. Selv spedbarn, som ikke kan forstå hva deres mødre sier, sover godt uten å skrike under gudstjenetene når deres mødre ber for dem og løfter dem opp i troen. Disse spedbarna vil også ha en belønning for deres oppførsel i himmelen.

Barna fra alderen tre eller fire kan tilbe Gud og be når foreldrene lærer dem om å gjøre det til en regel. Avhengig av deres alder, vil dybden av deres bønner kanskje være forskjellig. Foreldrene kan lære barna deres å øke deres bønnetid litt etter litt, dvs. fra fem minutter til 10 minutter, til 30 minutter, til en time, o.s.v.

Samme hvor unge disse barna vil være, når foreldrene lærer dem om budskapet ifølge deres alder og forståelsesnivå, og gir dem informasjon om hvordan de kan leve etter det, vil barna ofte prøve hardere å følge Guds budskap og leve på en måte som tilfredstiller Ham. De vil også gråtende angre og tilstå syndene deres når den Hellige Ånden arbeider inne i dem. Jeg anbefaler deg å virkelig lære dem hvem Jesus Kristus er og lede dem til å vokse i troen.

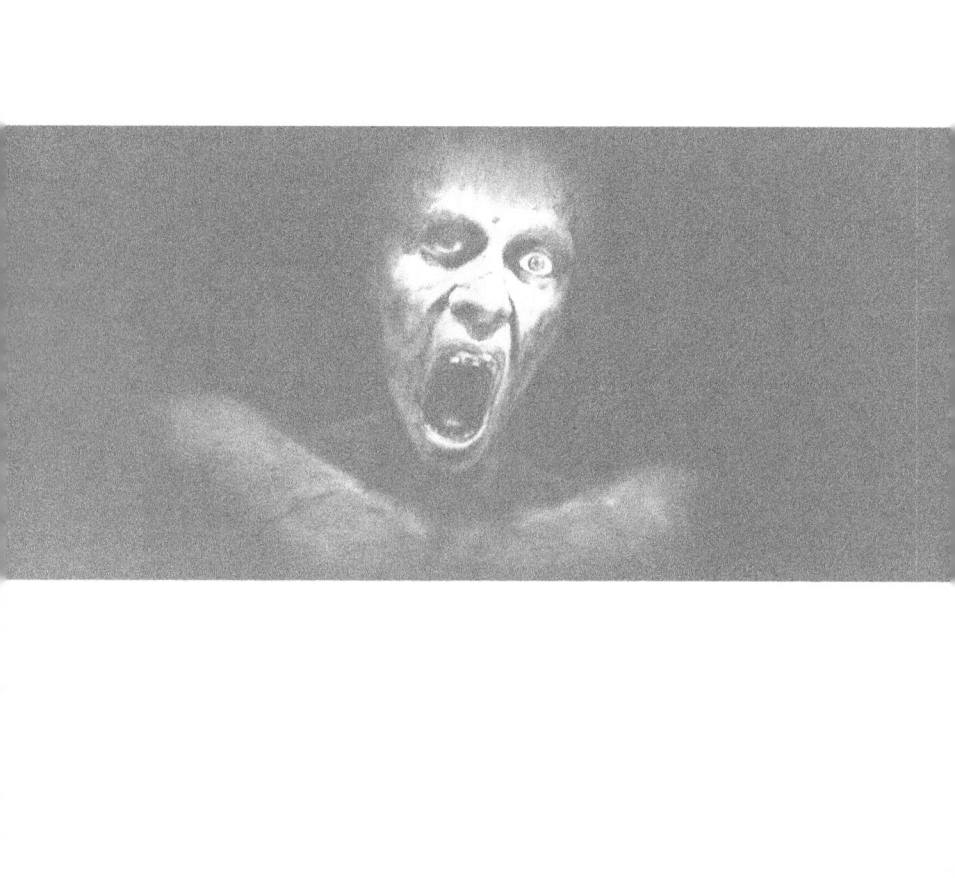

5. kapittel

Straffelser for Mennesker Som Dør etter Puberteten

1. Det Første Nivået med Straff
2. Det Andre Nivået med Straff
3. Straffen for Farao
4. Det Tredje Nivået med Straff
5. Straffen for Pontius Pilatus
6. Straffen for Saulus, den Første Kongen i Israel
7. Det Fjerde Nivået med Straff for Judas Iscariot

*"Nedstøtt til dødsriket er din herlighet,
dine harpers klang; under deg er lagt et leie av ormer,
og ditt dekke er makk."*
- Esaias 14:11 -

*"En sky blir borte og farer avsted;
således er det med den som farer ned til dødsriket –
han stiger ikke opp derfra."*
- Jobs 7:9 -

Alle som kommer inn til himmelen vil motta forskjellige slags belønninger og ære ifølge hans gjerninger i dette livet. På den annen side er forskjellige straffer i det Lavere Dødsriket påført en person ifølge hans onde gjerninger i dette livet. Mennesker i helvete lider av forferdelig mye varige smerter, og intensiteten av smertene og pinen er forskjellig fra de andres avhengig av deres egne gjerninger i dette livet. En mann, om han ender opp i himmelriket eller helvete, vil høste hva de sår.

Jo flere synder du har begått, jo dypere ned i helvete vil du gå, og jo tungere din synd er, jo verre vil din smerte bli i helvete. Avhengig av hvor mye kontrast en har til Guds hjerte – med andre ord, hvor mye en ligner den syndige naturen til Lusifer – vil intensiteten av straffene bli bestemt deretter.

Galaterbrevet 6:7-8 forteller oss, *"Far ikke vill! Gud lar seg ikke spotte; for det som et menneske sår, det skal han og høste. For den som sår i sitt kjøtt, skal høste fordervelse av kjøttet; men den som sår i Ånden, skal høste evig liv av Ånden."* På denne måten vil du med sikkerhet høste hva du sår.

Hva slags straffer vil mennesker som dør etter tenåringsårene motta i det Lavere Dødsriket? I dette kapittelet, vil jeg diskutere straffenes fire nivåer i det Lavere Dødsriket som er påført sjelene ifølge deres gjerninger her i livet. På den annen side, venligst forstå at jeg ikke kan gi grafiske detaljer fordi en ekstra vekt vil komme i tillegg til hvor mye frykt du har.

Helvete

1. Det Første Nivået med Straff

Noen sjeler er tvunget til å stå på sand som er sju ganger varmere enn sanden i ørkenene eller stredene her på jorden. De kan ikke rømme fra lidelsene fordi det er akkurat som om de er strandet i midten av en stor ørken.

Har du noensinne spasert på brennende varm sand, i bare føtter, på en varm sommerdag? Du kan ikke engang holde ut smertene selv om du spaserer på en strand i bare føtter på en varm, solfyllt, sommerdag for ti eller femten minutter. Sand i de tropiske delene av verden er mye varmere. Husk på at sand i det Lavere dødsrike er sju ganger varmere enn den varmeste sanden i denne verdenen.

I løpet av min pilegrimsferd til det Hellige Landet, istedenfor å stige på en trikk, prøvde jeg å springe på den asfalt lagte veien på vei til Dødehavet. Jeg begynner å springe fort sammen med to andre reisende som ledsaget meg på reisen. I begynnelsen var det ingen smerter, men halveis gjennom, kunne jeg føle en brennende sensasjon over begge mine fotsåler. Selv om vi gjerne ville rømme fra lidelsene, hadde vi ikke noe sted å gå; på hver side av veien var det stener, som var like varme.

Vi endte til slutt med å springe til den andre siden av veien, hvor vi kunne dyppe og løte bena våres i det kalde vannet i et svømmebasseng i nærheten. Heldigvis ble ingen av oss brent. Denne springingen varte bare i ti minutter, og det var nok til å ta imot forferdelig mye smerter. Forestill deg så at du vil bli tvunget til å stå i all evighet på sand som er sju ganger så varm som noen sand som er funnet her på jorden. Samme hvor uutholdelig brennende varm sanden er, er det bestemt ikke noen mulighet om reduksjon eller ende på straffen. Men dette er det letteste av alle straffer i det Lavere Dødsriket.

Det er en annen sjel som blir torturert annerledes. Han er tvungen til å ligge på en tung sten, som har blitt varmet opp til glødende varm, og mottar straffen ved å bli stekt kontinuerlig uten noen ende. Scenen ligner kjøtt som blir stekt på en glovarm grill. Akkurat da blir en annen sten som også har vært varmet opp glødende varm senket ned på hans kropp, og knuser den og alt inne i den. Forestill deg ethvert klesplagg som du stryker: strykebordet er stenen som klesplagget – den fordømte sjelen – er lagt på, og strykejernet er den andre stenen som presser ned klærne.

Varmen er en del av torturen; kroppsdeler som blir knust er en helt annen. Lemmer blir knust inn til biter av trykket mellom stenene. Dens styrke er sterk nok til å knuse hans ribben og interne organer. Når hans skalle er knust, spretter øynene ut og all væsken fra skallen flommer ut.

Hvordan kan en beskrive hans lidelser? Selv om han er en sjel uten fysisk form, kan han fremdeles føle og lide fra alle de smertene som han hadde følt i dette livet. Han ligger i evig lidelse. Sammen med skingringen av andre sjeler som blir torturert, denne sjelen, fellet i hans egen frykt og forferdeligheter, klager og gråter han, "Hvordan kan jeg rømme ifra denne torturen?"

2. Det Andre Nivået med Straff

Gjennom fortellingen om den rike mannen og Lasarus i Lukas 16:19-31, kan vi få et glimt av fortvilelsen i det Lavere Dødsriket. Ved makten av den Hellige Ånd, har jeg hørt en klage fra en mann som blir torturert i det Lavere Dødsriket. Ved å høre på den følgende tilståelsen, ber jeg om at du vil våkne opp fra din spirituelle søvn.

Jeg blir dratt rundt omkring her og der
men det er ikke noen ende.
Jeg springer og springer men det er ikke noen ende.
Jeg kan ikke finne noe sted å gjemme meg.
Mitt kjøtt er skrellet av meg på dette stedet,
fyllt med den verste lukten.
Insekter småspiser på mitt kjøtt.
Jeg prøver å springe langt vekk fra dem,
men jeg er alltid på det samme stedet.
De biter og spiser fremdeles opp min kropp;
de suger opp mitt blod.
Jeg skjelver av skrekk og frykt.
Hva skal jeg gjøre?

Vær så snill, bønnfaller jeg deg,
la folk vite hva som skjer med meg.
Fortell dem om min tortur
slik at de ikke vil ende opp her.
Jeg vet virkelig ikke hva jeg kan gjøre.

Under den store frykten og skrekken,
kan jeg bare stønne.
Det er meningsløst å se etter et tilfluktssted.
De klorer meg på ryggen.
De biter meg på armene mine.
De skreller av min hud.
De spiser opp mine muskler.
De suger opp mitt blod.
Når dette er over,
vil jeg bli dyttet inn i tjernet med ilden.
Hva kan jeg gjøre?
Hva skal jeg gjøre?

Selv om jeg ikke trodde på Jesus som min Frelser,
trodde jeg at jeg var en mann med god samvittighet.
Helt til jeg ble kastet inn i det Lavere Dødsriket,
Jeg ble aldri klar over at jeg hadde begått så mange
synder!
Nå kan jeg bare angre og angre
på de tingene jeg har gjort.
Venligst, vær sikker på at
det ikke vil bli noen flere mennesker som meg.
Mange mennesker her, mens de levde,
trodde at de levde gode liv.
Men fremdeles er de alle her.
Mange som erklærte at de trodde
og trodde at de levde
ifølge Guds vilje er også her,

Helvete

og de er torturert mye verre enn meg.

Jeg ønsker jeg kunne svime av bare for å glemme alle lidelsene
bare for en kort stund, men jeg kan ikke.
Jeg kan ikke hvile selv om jeg lukker mine øyne.
Når jeg åpner mine øyne,
ingen ting kan bli sett og ingen ting er konkret.
Når jeg fortsetter med å springe her og der,
er jeg fremdeles på det samme stedet.
Hva kan jeg gjøre?
Hva skal jeg gjøre?
Jeg ber deg, om å være sikker på
at ingen andre vil
følge mine fotspor!

Denne sjelen er en relativt god mann, sammenlignet med mange andre i det Lavere Dødsriket. Han ber Gud om å la folk vite hva som skjer med ham. Selv i denne forferdelige torturen, er han engstelig over sjeler som kanskje vil ende opp her. Måten den rike mannen ba for at hans brødre skulle bli varslet slik at de ikke "også ville komme til dette stedet med torturer," denne sjelen bønnfaller også Gud (Lukas' evangeliet 16).

Men de som faller inn i det tredje og fjerde nivået med straffer i det Lavere Dødsriket har ikke engang en slik godhet. Så de utfordrer Gud og klander andre ubarmhjertig.

3. Straffen for Farao

Farao, Egyptens konge som motsatte seg Moses, fikk det andre nivået med straff, men omfatningen av hans straff grenser til det tredje nivået med starff. Hva slags ondskap gjorde Farao i hans liv til å fortjene en slik straff? Hvorfor ble han sendt til det Lavere Dødsriket?

Når isralittene ble undertrykket som slaver, ble Moses tilkaldt av Gud for å ta Hans folk ut av Egypt og lede dem inn til det Lovende Landet Kanaan. Moses dro til Farao og ba ham om å la isralittene forlate Egypt. Men siden han forsto verdien av tvangsarbeide fra isralittene, nektet Farao dem å dra.

Gjennom Moses, sendte Gud ned de Ti Plagene til Farao, hans embetsmenn, og han folk. Vannet i Nilen ble til blod. Frosker, mygg, og fluer dekket landet hans. I tillegg, led Farao og hans folk av plager på deres buskap, plagene med byller, haggel, parasitter, og mørket. Hver gang de led av en plage, lovet Farao at isralittene kunne forlate Egypt, bare for å kunne unngå flere plager. Men Farao brøt hans løfter og gjentatte ganger gjorde sitt hjerte hardere, hvor Moses ba til Gud og Han tok dødlige plager vekk ifra landet. Farao lot til slutt isralittene gå, men bare etter at hver førstefødte sønn i Egypt, fra arvingen til tronen til den førstefødte sønnen av slavene, likesom alle de førstefødte kalvene, ble drept.

Men ikke lenge etter den siste plagen skiftet Farao igjen sin mening. Han og hans hær begynte å forfølge isralittene, som hadde slått leir ved Rødehavet. Isralittene var skrekkslagne og ropte ut til Gud. Moses løftet hans stokk og strakk ut hånden sin over Rødehavet. Da skjedde det et mirakel. Rødehavet ble delt opp i to ved Guds makt. Isralittene krysset Rødehavet på tørr bakke og egypterne fulgte dem inn i Havet. Når Moses strakk ut hånden sin igjen over havet på den andre siden av Rødehavet, *"Vannet vendte tilbake og og skulte vognene og hestefolket i hele Faraos hær, som var kommet etter dem ut i havet; det ble ikke en eneste av dem tilbake"* (Annen Mosebok 14:28).

I Bibelen var det mange konger med gode egenskaper som trodde på og som tilba Gud. Men Farao hadde et hardt sinn, selv om han hadde sett Guds makt ti ganger. På grunn av dette havnet Farao inn i seriøse katastrofer som dødsfall av arvingen til tronen hans, ødeleggelse av hans hær, og elendighet for landet hans.

Nå for tiden, hører menneskene om den allmektige Gud og er direkte vitne til Hans makt. Men de gjør deres egne hjerter hardere på samme måte som Farao gjorde. De aksepterer ikke Jesus som deres personlige Frelser. De nekter også å angre på deres synder. Hva vil skje med dem hvis de fortsetter med å bo slik de nå bor? Før eller senere vil de motta det samme nivået med straff som Farao gjorde i det Lavere Dødsriket.

Hva har skjedd med Farao i det Lavere Dødsriket?

Farao er begrenset i kloakkvann

Farao er begrenset i et basseng med kloakkvann, fyllt med vond lukt. Hans kropp sitter fast i et basseng, slik at han ikke kan flytte på seg. Han er ikke alene, men det er andre sjeler som også er begrenset på grunn av synder i samme grad.

Det faktum at han var en konge ga ham ikke bedre behandling i det Lavere Dødsriket. Men i stedenfor, siden han hadde makt, arroganse, betjent av andre, og levde et overflodig liv, hånte og torturerte budbringerne fra helvete Farao voldsommere.

Bassenget som Farao er plassert i er ikke simpelthen fyllt med kloakvann. Har du noensinne sett råtne og forurensede mengder med vann eller kloakk? Hva med havner hvor skip dokker? Slike steder er fyllt med bensin, søppel, og en forferdelig lukt. Det virker umulig at noe liv vil eksistere i en slik omgivelse. Hvis du skulle dyppe hendene dine inn i det, blir du redd for at din hud vil bli forurenset av alle de forferdelige inneholdene i vannet.

Farao finner seg selv i dette fangenskapet. I tillegg er dette bassenget fyllt med mangfoldige uhyggelige insekter. De ligner på larver, men er mye større.

Insekter spiser på de mykere delene av kroppen

Disse insektene kommer opp til sjelen som sitter fast i bassenget, og begynner først å spise på de mykere delene av kroppene deres. De gnager på øynene, og insektene kommer inn til skallen gjennom øyelokkene og begynner å spise på selve hjernen. Kan du inbille deg hvor smertefullt dette er? På slutten, spiser de på alt fra hodet til tærne. Hva kan vi sammenligne disse smertene med?

Hvor plagsomt er det ikke når du får støv i øynene? Hvor mye mere plagsomt ville det ikke bli hvis insekter spiser på dine øyne? Tror du at du kan holde ut smertene når disse insektene graver opp alt gjennom hele kroppen din?

Helvete

Nå, hva hvis en nål blir satt under dine fingernegler eller gjennomborer dine fingertupper. Disse insektene fortsetter med å skrelle av huden og sakte skraper musklene helt til bena er synlige. Disse insektene stopper ikke på baksiden av dine hender. Hurtig flytter de seg opp til dine armer og skulder og ned brystet ditt, magen, bena, og rumpen. De begrensede sjelene holder ut tortureringen og smerten som er forbundet med det.

Insekter spiser hele tiden på de interne organene

De fleste kvinner når de ser larver, er redde for dem, og vil mye mindre ta på dem. Inbill deg nå mye mere uhyggelige insekter som er mye større enn larver som stikker sjelene. Først stikker insektene kroppene deres opp gjennom abdomen. Etterpå begynner de å spise på huden deres fra de fem indre organene og de seks innvollene. Insektene suger så væsken fra hjernene deres. I løpet av hele denne tiden, kan ikke de fordærvede sjelene kjempe mot dem, flytte seg rundt, eller springe vekk fra disse forferdelige insektene.

Insektene fortsetter med å spise på kroppene deres litt etter litt, ettersom sjelene ser på at deres kroppsdeler blir hakket på og gnaget på. Hvis vi får en slik tortur bare for 10 minutter, vil vi bli gale. En av disse fordervede sjelene i dette elendige stedet er Farao, som utfordret Gud og Hans tjener Moses. Han lider av denne forferdelige smerten mens han er fullstendig våken, og vitner og føler klart at hans kropp blir tygget på og skrapet.

Etter at insektene har spist opp ens kropp, er det slutten på torturen? Nei. Litt senere blir den skrapede og spiste delene av ens kropp fullstendig fornyet, og insektene kommer hurtig tilbake til sjelen, og gnager på forskjellige kroppsdeler. Det er ingen stopp eller ende på dette. Smertene blir ikke bedre og man blir ikke vant – det vil si følelsesløs – til torturen. Det er på denne måten den åndelige verden virker. I himmelen, hvis Guds barn spiser frukten fra et tre, blir denne frukten fornyet. På samme måte, i det Lavere Dødsriket, samme hvor mange ganger eller hvor mye disse insektene spiser på dine kroppsdeler, hver eneste del av din kropp blir fornyet med det samme etter at det ble ødelagt og gikk i oppløsning.

Selv om en har levet et ærlig og samvittighetsfullt liv

Blandt de ærlige menneskene er det de som ikke vil eller som velger å akseptere Jesus og evangeliet. På utsiden, virker de gode og fornemme, men de er ikke gode og fornemme ifølge sannheten.

Paulus' brev til Galaterne 2:16 minner oss om å *"men da vi innså at et menneske ikke blir rettferdiggjort av lov-gjerninger, men ved tro på Jesus Kristus, så trodde også vi på Jesus Kristus, for å bli rettferdiggjort av tro på Kristus og ikke av lov-gjerninger, ettersom intet kjøtt blir rettferdiggjort av lovgjerninger."* En rettferdig mann er en som kan bli frelst på grunn av navnet Jesus Kristus. Bare da kan alle hans synder bli tilgitt gjennom hans tro i Jesus Kristus. Dessuten, hvis han tror på Jesus Kristus, vil han helt sikkert adlyde Guds ord.

Uansett overveldende beviser om Guds skapelse av universet og Hans undere og makt demonstrert gjennom Hans tjenere, hvis man fremdeles nekter den allmektige Gud, er han ingenting

Helvete

men bare en ond mann med en sterk samvittighet. Fra hans eget synspunkt, har han kanskje levet et ærlig liv. Men hvis han fortsetter med å nekte Jesus som hans personlige Frelser, har han ingen steder å gå uansett helvete. Men på grunn av at slike individer har levd forholdsvis bedre og ærligere liv enn de onde som begikk synder så mye de ville etter deres syndige ønsker, vil de enten motta det første eller det andre nivået med straff i det Lavere Dødsriket.

Blandt de som dør uten å ha en mulighet til å bare omfavne evangeliet, hvis de ikke besto samvittighetsdommen, vil de fleste av dem motta det første eller det andre nivået av straffen. Og en sjel som mottar den tredje eller den fjerde straffen i det Lavere Dødsriket, kan du anta at har blitt mye mere aggressiv og ond enn mange andre.

4. Det Tredje Nivået med Straff

Det tredje og fjerde nivået med straffer er reservert for alle de som snudde seg vekk ifra Gud, hatt deres samvittighet stemplet, ærekrenket og blasfemi av den Hellige Ånd, og forstyrret med etableringen og utvidelsen av Guds kongeriket. Videre, alle som har holdt Guds kirker "kjetterske" uten et solid bevis mottar også det tredje eller det fjerde nivået med straff.

Før vi forsker inn i det tredje nivået med straffen i det Lavere Dødsriket, la oss hurtig undersøke forskjellige former for torturer som menneskene har funnet på.

Skrekkelige torturer som er forårsaket av mennesker

I løpet av tiden hvor menneskerettighetene var mere fantasi enn en hverdagslig ting, mange slags fysisk avstraffelser, inkludert forskjellige slags torturer og henrettelser, ble planlagt og utført. For eksempel, i den Middelaldrende Europa, tok fengselsvaktene en fange til kjelleren i bygningen for å kunne få tilståelsen. Underveis, så fangen blodmerker på gulvet og så mange slags utstyr i rommet som ble brukt og tilrettelagt for tortur. Han hørte uutholdelige hyl rungende gjennom bygningen, som overveldet ham.

En av de mest vanlige metodene av tortur var å sette fangens (eller noen annen som var ved å bli torturert) fingre eller tær i små metallrammer. Metallrammene ble strammet opp til hans fingre og tær ble knust. Da dro de ut fingerneglene og tåneglene en etter en når metllrammene ble strammet litt etter litt.

Hvis fangen ikke hadde noen tilståelse etter dette, ble han hengt i luften med hans armer snudd bakvendt og hans kropp vridd i alle retninger. I denne torturen ble det tillagt mere lidelser idet hans kropp ble løftet opp i luften og sluppet ned til bakken i forskjellige hastigheter. På det verste ble et tungt stykke jern knytet til ankelen av fangeren, mens han fremdeles henger i luften. Vekten av jernet var nok til å revne alle musklene og bena i kroppen hans. Hvis fangeren fremdeles ikke tilsto, ble det gitt mere skrekkeligere og ekstreme metoder med tortur.

Fangeren ville sitte i en stol som var spesielt laget for tortur. På setet, ryggen, og bena til stolen var det tettsatte små spikerbord. Når fangene så denne skremmende gjenstand, prøvde fangen

107

Helvete

å springe av gårde, men fangevokterne som var mye større og sterkere enn ham tvunget ham tilbake i stolen. Med en gang, følte fangen spikerbordene stikke hans kropp.

En annen slags tortur var å henge en mistenkt eller en fange opp ned. Etter en time ville hans blodtrykk forsvinne over tabellen, blodkarene i hjernen revnet, og blodet sprutet ut av hjernen hans gjennom hans øyne, nese, og ører. Han kunne ikke lenger se, lukte, eller høre.

Noen ganger ble det brukt ild til å tvinge fangene til lydighet. En offiser ville gå mot den mistenkte med et brennende stearinlys. Han ville bringe stearinlyset til den mistenktes armhuler eller fotsåler. Armhulene brenner fordi de er en av de mest sensitive delene av menneskekroppene mens fotsålene blir brent fordi smertene varer lenger der.

Andre ganger ble den mistenkte tvunget til å ha på seg glovarme jernstøvler i bare føttene. Så nappet torturisten ut det bløte kjøttet. Eller torturisten ville kutte av fangens tunge eller brenne hans gane med glovarme jerntanger. Hvis fangen ble gitt dødsstraff, ble han kastet inn i en ramme som lignet et hjul, som ble laget for å kunne knuse en kropp til små biter. Den hurtige sentrifugeringen rev kroppen inn til små biter, mens fangen fremdeles var i live og i full bevissthet. Noen ganger ble de drept ved å ha smeltet bly helt inn i deres nesebor og ører.

Med viten om at de ikke ville kunne klare å holde ut smertene av torturen, mange fanger bestakk ofte torturistene og fengselsvaketene til en hurtig og smertefri død.

Disse er noen av tortur metodene som er funnet opp av

menneskene. Bare innbilning er nok til å gjøre oss skrekkslagne ved den psykiske fremstillingen. Du kan derfor allerede forvente deg at torturen som er gjort av budbringerene fra helvete, som er under streng ledelse av Lusifer, bare kan være mye mere plagende enn noen annen form for tortur som har vært planlagt av menneskene. Disse budbringerne fra helvete mangler medlidenhet, og er bare glade for å høre på sjeler som hyler og gråter i forferdelse i det Lavere Dødsriket. De prøver alltid å finne de mest ondskapsfulle og smertefulle metodene med tortur å gi disse sjelene.

Kan du tillate deg å gå til helvete? Kan du tillate deg å se dine elskede, din familie og venner i helvete? Alle kristne må se det som deres gjerning å spre og forkynne evangeliet og å gjøre alt de kan for å frelse bare en ekstra sjel fra å falle inn i helvete.

Hva er så starffens tredje nivå?

i) Budbringerne fra helvete som har på seg redselsfulle grisemasker

En sjel i det Lavere Dødsriket er bundet til et tre, og hans hud er kuttet opp i små biter litt etter litt. Kanskje du kan sammenligne dette med å skjøre opp fisken for å lage sashimi. En budbringer fra helvete som har på seg en stygg og skrekkelig maske lager istand alle de nødvendige utstyrene for torturen. Disse utstyrene inkluderer en stor variasjon med redskaper fra en liten daggert til en øks. Da våter budbringeren fra helvete redskapene på en sten. Redskapene behøver ikke å bli slipet fordi kanten på hvert redskap i det Lavere Dødsriket forblir så skarpt som det noensinne kan være. Den virkelige grunnen til å våte de ned er bare for å skremme de sjelene som venter på deres tortur mere.

Kutte av huden startende med fingertuppene

Når sjelene hører disse redskapene klirring og når budbringeren fra helvete kommer mot ham med et grusomt glis, hvor redd og forferdet vil han ikke være!

'Den kniven er like ved å skjære vekk min hud...
Den øksen vil snart kutte ut mine lemmer...
Hva skal jeg gjøre?
Hvordan kan jeg klare smertene?'

Bare selve skrekken nesten kveler ham. Sjelen minner han hele tiden på at han er stramt bundet til trestammen, kan ikke flytte på seg, og at det føles som om tauet skjærer inn i kroppen hans. Jo mere han prøver å komme seg vekk fra treet, jo strammere blir tauet rundt kroppen hans. Budbringeren fra helvete kom til ham og begynte å skjære i huden hans, begynne med fingertuppene. En klump med hud dekket med levret blodklump faller ned på bakken. Neglene på fingrene hans blir plukket ut og om en liten stund vil fingrene også bli kuttet av. Budbringeren kutter ut huden fra hans fingre til hans håndledd, og så til hans skulder. Alt som blir tilbake opp til armene hans er ben. Så flytter budbringeren seg ned til sjelens bakside av leggen og på innsiden av lårene.

Helt til de indre organene kommer til syne

Budbringeren fra helvete begynner så å skjære ut hans abdomen. Når de fem indre organene og de seks innvollene kommer til syne, napper han ut disse organene og kaster dem vekk. Han tar også og napper ut organene med hans skarpe verktøy. Helt til dette tidspunktet, har sjelen vært våken og sett på hele prosessen: hans hud som ble skjært ut og hans tarmer som ble kastet vekk. Inbill deg at noen har bundet deg opp, skjærer av en del av din kropp ved å begynne bak på dine hender, en del av gangen, hver del på størrelse med din fingernegl. Når kniven streifer deg, begynner du å blø med det samme og lidelsene begynner akkurat da, og ingen ord kan riktig utrykke din frykt.

I det Lavere Dødsriket, når du mottar dette tredje nivået med straff, er det ikke bare en del av din kropp; det er hele huden av kroppen din, fra topp til tå, og alle dine indre organer som blir nappet ut, en av gangen.

Se igjen for deg sashimi, en japansk matrett laget av rå fisk. Kokken har bare separert benet og huden. Og han skjører huden så tynn som mulig. Retten blir arrangert i en form av en levende fisk. Det vil virke som om fisken fremdeles er i live og du kan se at dens gjeller fremdeles beveger seg. Kokken i restauranten har ingen medlidenhet med fisken, for hvis han hadde hatt det så ville han ikke kunnet gjort hans arbeide.

Vær så snill og hold dine foreldre, din ektemake, dine slektninger, og dine venner i dine bønner. Hvis de ikke er frelst og ender opp i helvete, må de lide ved å få deres hud oppskjært og deres ben skrapet av de ubarmhjertige budbringerne fra helvete.

111

Helvete

Det er vår plikt som Kristne å spre de gode nyhetene, fordi på Dommens Dag vil Gud helt sikkert holde hver og en av oss ansvarlig for alle de vi ikke kunne få med oss til himmelrike.

Slå ihjel sjelens øye

Budbringeren fra helvete plukker denne gangen opp et vridbor istedenfor en kniv. Sjelen vet allerede hva som kommer til å skje med ham fordi det ikke er første gangen som han vil lide av dette; han har allerede blitt torturert på denne måten hundrevis og tusenvis av ganger fra den dagen hvor han ble brakt ned til det Lavere Dødsriket. Budbringeren fra helvete nærmer seg sjelen, stikker dypt inne i øyet med vridboret, og etterlater vridboret i øyehulen for en stund. Hvor redd må ikke sjelen være når han ser at vridboret kommer nærmere og nærmere ham? Smertene ved å ha vridboret stikkende inn i hans øye kan ikke bli beskrevet med ord.

Er dette slutten på torturen? Nei. Sjelens ansikt står igjen. Budbringeren skjærer nå ut kinnene, nesen, pannen, og resten av ansiktet. Han glemmer ikke å skjære ut huden fra sjelens ører, lepper, og nakke. Nakken blir tynnere og tynnere ettersom den blir skåret ut litt etter litt, helt til den knekker sammen øverst på torsoen. Dette er slutten på en sesjon med tortur, men denne slutten innebærer bare en ny runde med tortur.

En kan ikke engang hyle eller skrike

Om en kort stund, vil kroppsdelene som ble skjært ut

reparert, som om ingenting noensinne hadde skjedd med dem. Mens kroppen reparerer seg selv, er det en kort periode hvor smerter og lidelser ikke eksisterer. Men denne pausen minner sjelen bare om flere lidelser som venter på ham, og ganske snart begynner han å skjelve av ukontrollert frykt. Mens han venter på torturen, lyden av sliping kan høres igjen. Fra tid til annen vil budbringeren fra helvete som har på seg en skrekkelig grisemaske se på ham med et uhyggelig glis. Budbringeren er klar til en ny runde med tortur. Forferdelige torturer starter på nytt igjen. Tror du at du kan holde dette ut? Ingen deler av din kropp vil noensinne bli følelsesløs overfor torturens instrumenter eller den fortsettende smerten. Jo mere du er torturert, jo mere vil du lide.

En mistenkt person som er varetekts fengslet eller en fange som akkurat skal bli torturert, vet at det som venter på ham bare varer for en kort stund, men han skjelver og grøsser av en overveldende frykt. Inbill deg at en budbringer fra helvete med en stygg grisemaske nærer seg deg med forskjellige slags verktøy i hånden, mens han slår dem sammen mot hverandre. Torturen vil fortsette uten noen ende: skjære huden vekk i skiver, dra ut de indre organene, stikke in i øynene, og mange andre vil fortsette.

Derfor kan ikke en sjel ifra det Lavere Dødsriket hyle eller be budbringeren fra helvete om livet, barmhjertighet, mindre vold, eller noen som helst annet. Skrikingen av andre sjeler, hylingen om barmhjertighet, og klirringen av tortur verktøyene omringer sjelen. Så snart sjelen ser en budbringer fra helvete, blir han blek som aske uten protest. Han vet også allerede at han ikke fri seg selv fra lidelsen til han blir kastet inn i tjernet med ilden etter Dommen av den Store Hvite Tronen ved tidens slutt (Johannes'

113

Åpenbaring 20:11). Den uhyggelige virkeligheten er bare et tillegg til smertene som allerede eksisterer.

ii) Straffen med å blåse opp kroppen som en ballong

Alle med bare en liten del samvittighet er nødt til å føle seg skyldige hvis han/henne sårer noen andre. Eller samme hvor mye et individ kanskje har hatet noen tidligere, hvis den sistnevntes liv idag er miserabelt, en form for medlidenhet reiser seg mens følelsen av hat blir minsket, i det minste for en kort tid.

Men hvis ens samvittighet har blitt brent som med et varmt jern, er personen fullstendig likegyldig med andres lidelser, og for å kunne nå sine egne mål er han kanskje villig til å begå selv de mest grufulle vederstyggeligheter.

Mennesker som er behandlet som søppel og avfall

Under Annen Verdenskrig i Tyskland under den Nazistiske diktaturen, Japan, Italia, og andre land, ble et ubeskrivelig antall levende mennesker brukt som objekter i forferdelige og hemmelige eksperimenter; disse menneskene, hadde i bunn og grunn byttet ut rottene, kaninene, og andre dyr som vanligvis ble brukt.

For eksempel, for å kunne finne ut av hvordan et friskt individ ville reagere, hvor lenge han ville vare mot forskjellige slags onde midler, og hva slags symptomer som er forbundet med de forskjellige sykdommene, kreftceller og andre viruser ble transplantert. For å kunne få den mest nøyaktige informasjonen, skjærer de ofte opp mavene eller skallene til en levende person. For å kunne se hvordan en vanlig person reagerer på en ekstrem kulde eller varme, slår de drastisk ned eller opp på temperaturen i vannet hvor pasienten ble holdt innestengt.

Etter at disse "pasientene" hadde tjent deres formal, ble disse menneskene ofte etterlatt til å dø lidende. De tenkte ikke mye på disse pasientenes verdifullhet eller smerter.

Hvor ondskapsfull og forferdelig ville det ha vært for mange krigsfanger eller andre individer uten makt som ble disse beryktede pasientene, så på at deres kroppsdeler ble skjært opp i biter, hadde deres kropper infektet med forskjellige dødelige celler og midler mot deres vilje, og bokstavelig talt så på at de selv døde?

Men sjelene i det Lavere Dødsriket står opp mot værre straffe metoder enn noen andre eksperimenter på levende kropper som menneskene noensinne har fått. Akkurat som kvinner som hadde blitt skapt i Guds eget speilbilde og lignelse, men også som noen som har mistet deres verdighet og verdi, disse sjelene er behandlet som oppbrukt søppel eller avfall i det Lavere Dødsriket.

Måten vi ikke har medlidenhet med søppel på, budbringerne fra helvete har ikke medlidenhet med eller barmhjertighet med disse sjelene. Budbringerne fra helvete føler seg ikke skyldige eller har medlidenhet med dem, og ingen straff er noensinne nok.

Benene blir knust og huden revnet

Budbringerne fra helvete ser derfor disse sjelene bare som lekesaker. De ville blåse opp kroppene til sjelene og sparke kroppene rundt med hverandre.

Helvete

Det er vanskelig å forestille seg dette synet: Hvordan kan en lang og flat menneskekropp bli oppblåst akkurat som en ball? Hva ville skje med organene inne i dem? Akkurat som de interne organene og lungene blir oppblåste, ribben og ryggsøyler som beskytter disse organene blir knust en etter en, en del av gangen. På toppen av dette er den faste, pinefulle smerten fra den strammede huden.

Budbringerne fra helvete leker med disse oppblåste kroppene med ufrelsede sjeler i det Lavere Dødsriket, og når de blir leie av dem, smeller de maven til skelen med skarpe spyd. Måten en ballong som en gang var oppblåst blir revnet til gummibiter når den smeller, deres blod og deler av huden blir revnet i alle retninger.

Men, på kort tid, blir disse sjelekroppene helt fornyet og lagt tilbake igjen på straffens utgangssted. Hvor grusomt er ikke dette? Mens de levde her på jorden, var disse sjelene elsket av andre, nøt en slags sosial anseelse, eller i det minste kunne kreve fundamental menneskerettigheter.

Men en gang i det Lavere Dødsriket, har de ingen rettigheter og er simpelthen behandlet som grus på bakken; deres tilværelse har ingen verdi.

Predikerens bok 12:13-14 minner oss om følgende:

> *Enden på det hele, etterat alt er hørt, er dette: Frykt Gud og hold hans bud! Det er hva hvert menneske bør gjøre. For hver gjerning vil Gud føre frem for dommen over alt som er skjult, enten det er godt eller ondt.*

Sådan, ifølge Hans dom, har disse sjelene blitt degradert til bare leketøy som budbringerne fra helvete leker med.

Derfor må vi være oppmerksomme på at hvis vi mislykkes i å utføre menneskenes gjerninger, som er å frykte Gud og holde alle Hans budskap, vil vi ikke lenger bli sett på som vakre sjeler som bærer Guds eget speilbilde og likhet, men istedenfor være gjenstand for de mest forferdelige straffene i det Lavere Dødsriket.

5. Straffen for Pontius Pilatus

Når Jesus døde, var Pontius Pilatus en romersk guvernør i området rundt Judea, som idag er Palestina. Fra den dagen han satte sin fot i det Lavere Dødsriket, har han mottat straffens tredje nivå, som innebærer pisking. Hvilken spesiell grunn er det for at Pontius Pilatus blir torturert?

Uansett om en kjente til Jesus rettferdighet

Siden Pilatus var lederen i Judea, måtte de ha hans tillatelse til å korsfeste Jesus. Som en romersk visekonge, var Pilatus ansvarlig for å overse hele Judeas område, og han hadde mange spioner på forskjellige steder gjennom hele området som arbeidet for ham. Pilatus var derfor fullstendig oppmerksom på de mange miraklene som Jesus hadde fullført, Hans budskap om kjærlighet, Hans helbredelse av de syke, Hans forkynnelse av Gud, og lignende, idet Jesus forkynte evangeliet over hele området som både han og Pilatus bodde i. I tillegg, fra referatene som hans

Helvete

spioner hadde innlevert, kom Pilatus frem til at Jesus var en god og uskyldig mann.

Videre, fordi Pilatus var oppmerksom på at Jødene var desperate etter å drepe Jesus på grunn av sjalusi, prøvde han alt for å sette Ham fri. Men på grunn av at Pilatus var overbevist om at å ikke ta hensyn til Jødene ville resultere i store sosiale uroligheter i hans landsdel, endte han med å overlevere Jesus ved anmodning fra Jødene så Han kunne bli korsfestet. Hvis det hadde blitt uroligheter innenfor hans landsdel, ville helt sikkert stort ansvar ha truet Pilatus eget liv.

På slutten avgjorde Pilatus' feige samvittighet hans reisemål etter døden. På samme måte som de Romerske soldatene pisket Jesus ved Pilatus befaling før Hans korsfestelse, har også Pilatus blitt dømt til den samme straffen: uendelig pisking av budbringerne fra helvete.

Pilatus blir pisket hver eneste gang hans navn blir nevnt

Det er slik Jesus ble pisket. Pisken inneholdt deler av jern eller ben som ble satt på enden av en lang lærrem. Ved hvert slag, ville pisken omfavne Jesus kropp, og benene og metall delene på enden ville kutte seg inn i huden Hans. På kort stund ble huden dratt fra sårene som pisken hadde truffet, og la fra seg store og dypt gapende sår.

Likeledes når mennesker roper hans navn her i verden, pisker budbringeren fra helvete Pilatus i det Lavere Dødsrike. I løpet av hver gudstjeneste, mange kristne resiterer den Apostoliske Trosbekjennelsen. Nå delen med "lidelse under Pontius Pilatus" blir sagt, blir han pisket. Når hundrevis og tudenvis av mennesker sier hans navn sammen samtidig, hastigheten hvor han blir pisket og styrken av hvert slag øker drastisk. Noen ganger vil andre budbringere fra helvete omringe Pilatus for å ofre hverandre hjelp til å piske ham.

Selv om Pilatus kropp har blitt revet opp i biter og er dekket med blod, budbringerne fra helvete pisker ham akkurat som om de konkurrerte med hverandre. Piskingen river opp huden til Pilatus, viser frem hans ben, og graver opp hans marg.

Hans tunge blir fjernet permanent

Mens han blir torturert, skriker Pilatus hele tiden ut, "Vær så snill og ikke rop ut navnet mitt! Hver eneste gang det blir nevnt, lider og lider jeg." Men ikke en eneste lyd kommer ifra hans munn. Han tunge har blitt avskåret, på grunn av at det var med den tungen som han dømte Jesus til å bli korsfestet. Når du lider av smerter, hjelper det litt å kunne skrike og hyle. For Pilatus er ikke engang en slik mulighet tilgjengelig.

Det er noe annerledes med Pilatus. For andre fordømte sjeler i det Lavere Dødsriket, når deres forskjellige kroppsdeler blir skrapet, avskjært, eller brendt, vil disse kroppsdelene fornye seg selv. Men Pilatus tonge har blitt fjernet permanent som et symbol på en forbannelse. Selv om Pilatus bønnfaller mennesker igjen og igjen om ikke å nevne hans navn, vil det bli resitert helt til Dommedagen. Jo mere hans navn blir nevnt, jo sterkere blir hans lidelser.

Helvete

Pilatus begikk bevisst en synd

Når Pilatus overga Jesus for at Han skulle bli korsfestet, tok han vann og vasket seg foran forsamlingen, og sa så til menneskene, *"Jeg er uskyldig i denne rettferdiges blod; se dere dertil"* (Matteus' evangeliet 27:24). Som svar ble jødene nå mere desperate enn noensinne til å ha Jesus drept, og svarte Pilatus, *"Hans blod komme over oss og våre barn!"* (Matteus' evangeliet 27:25) Hva skjedde med jødene etter at Jesus ble korsfestet? De ble massakret når byen Jerusalem ble tatt og ødelagt av den romerske hærføreren Titus i 70 e.Kr. Siden da ble de spredd over hele verden og undertrykket i andre land enn deres eget. I løpet av den andre verdenskrig, ble de flyttet med makt til flere konsentrasjonsleirer i Europa, hvor over seks millioner jøder ble kvelet i gasskammer eller brutalt massakret til de døde. I løpet av de første fem tiårene av den moderne anerkjennelse etter frigjøringen i 1948, har staten Israel hele tiden stått opp mot trusler, hat, og bevæpnet motstand fra dens naboer i Midtøsten.

Selv om jødene har mottat straff for deres krav "Hans blod komme over oss og våre barn!" dette betyr ikke at straffen for Pilatus har på noen måte blitt redusert. Pilatus begikk bevisst en synd. Han hadde mange sjanser til ikke å begå synden, men han gjorde det allikevel. Selv hans kone, etter at hun hadde blitt advart i en drøm, anbefalte Pilatus å ikke la de drepe Jesus. Ignorere hans egen samvittighet og rådet fra hans kone, dømte Pilatus allikevel Jesus til å bli korsfestet. På grunn av dette ble han tvungen til å motta det tredje nivået med straff i det Lavere Dødsriket.

Selv idag begår mennesker forbrytelser selv om de vet at det er forbrytelser. De røper andres hemmeligheter til andre bare for deres egen fordel. I det Lavere Dødsrike, er tredje nivået med straff gitt til de som plotter mot andre, gir falsk uttalelse, ærekrenkelse, danner splittelser eller gjenger for å myrde eller torturere, oppfører seg feigt, bedrar andre når det finnes fare eller smerter, og lignende.

Gud vil bringe hver eneste gjerning inn til forhør

Akkurat som Pilatus plaserte blodet til Jesus i hendene til Jødene ved å vaske hendene sine, vil noen mennesker gi andre skylden av en viss situasjon eller tilstand. Men ansvaret for menneskenes synder kommer tilbake til dem selv. Hvert individ har en fri vilje, og han har ikke bare rettigheten til å ta disse avgjørelsene, men han vil også bli holdt ansvarlig for hans avgjørelser. Fri vilje tillater oss å velge mellom om vi tror eller ikke tror på Jesus som vår personlige Frelser, om vi skal beholde eller ikke beholde Herrens Dag hellig, om vi skal ofre hele tiendedelen til Gud eller ikke, og så videre. Men resultatet av våre valg er gitt gjennom enten den evige lykken i himmelrike eller den evige straffen i helvete.

Resultatet av de avgjørelsene som du har tatt må du bære som dine egne, så du kan ytterligere ikke klandre noen andre for det. Det er på grunn av dette at du ikke kan si ting som "Jeg forlot Gud på grunn av mine foreldres' fordømmelse" eller "Jeg kunne ikke holde Herrens Dag hellig eller gi hele min tiendedel til Gud på grunn av min ektemake." Hvis en hadde hatt tro, ville individet helt sikkert ha fryktet Gud og beholdt alle Hans budskap.

Pilatus, som hadde hatt sin tunge avskjært på grunn av hans

egne feige ord, har vært angrende og beklaget seg mens han hele tiden ble pisket i det Lavere Dødsrike. Men etter døden er det ingen annen sjanse for Pilatus.

Men de som lever har fremdeles en sjanse. Du burde aldri nøle med å frykte Gud og beholde Hans budskap. Esaias 55:6-7 sier til oss, *"Søk Herren mens Han finnes, kall på Ham den stund Han er nær. Den ugudelige forlate sin vei og den urettferdige sine tanker og omvende seg til Herren, så skal Han forbarme seg over Ham, og til vår Gud, for Han skal mangfoldig forlate."* Fordi Gud er kjærlighet, tillater Han oss å vite hva som skjer i helvete mens vi fremdeles lever. Han gjør dette for å vekke opp mange mennesker fra deres åndelige søvn, og gir fullmakt og oppmuntrer oss til å spre de gode nyhetene til enda flere mennesker slik at de også kan bo i Hans barmhjertighet og medlidenhet.

6. Straffen for Saulus, den Første Kongen i Israel

Profeten Jeremias 29:11 forteller oss at *"'For jeg vet de tanker jeg tenker om dere', sier Herren, 'fredstanker og ikke tanker til ulykke, og gi dere fremtid og håp.'"* Ordet ble gitt til jødene når de ble landsforvist til Babylon. Verset profeterer Guds tilgivelse og barmhjertighet som vil bli gitt til Hans folk, når de oppholder seg i landsforvisningen på grunn av deres synder mot deres Gud.

Av samme grunn, erklærer Gud budskapet om helvete. Han gjør dette for ikke å forbanne de ikke troende og synderne, men for å gjenvinne alle de som holdt en tung byrde som slaver til fienden Satan og djevelen, og forhindre mennesker som har blitt skapt i Hans speilbilde fra å falle inn i det elendige stedet.

Istedenfor å frykte den miserable tilstanden i helvete, alt vi trenger å gjøre nå er å forstå Guds uendelige kjærlighet, og hvis du er en ikke-troende, aksepter Jesus Kristus som din personlige Frelser fra nå av. Hvis du ikke har levet ifølge Guds ord og erklært din tro i Ham, snu deg rundt og gjør som Han sier.

Saulus forblir ulydig til Gud

Når Saulus steg opp til tronen, ydmyket han seg veldig mye. Men han ble ganske snart for arrogant til å adlyde Guds ord. Han fallt inn i de onde veiene med å bli forlatt og på slutten snudde Gud ansiktet sitt vekk ifra Saulus. Når du synder mot Gud, må du omgjøre din fastlagte tenkemåte og angre uten usikkerhet. Du burde ikke prøve å unnskylde deg selv eller å gjemme din synd. Bare da, vil Gud motta din bønn med angring og åpne veien til tilgivelse.

Når Saulus hadde lært at Gud hadde utpekt David til etterfølger for å erstatte ham, anså kongen hans kommende etterfølger om å bli hans nemesis og forøkte å drepe ham resten av hans liv. Saulus drepte til og med prestene til Gud for at de hjalp David (1. Samuels' bok 22:18). Slike gjerninger var de samme som å motarbeide Gud, ansikt til ansikt.

På denne måten ble Kong Saulus fremdeles ulydig og samlet sammen hans onde gjerninger, men Gud ødela ikke Saulus med det samme. Selv om Saulus forfulgte David og hadde vært fast bestemt på å drepe ham i lang tid, lot Gud Saulus leve.

Dette tjente to formål. Den ene var at Gud hadde i hensikt med å forme en kjekk kar og konge av David. Den andre, Gud ga Saulus nok tid og muligheter til å angre på hans ugjerninger.

Hvis Gud hadde drept oss når vi begikk en synd som var ille nok til å drepe han, ville ingen av oss ha overlevd. Gud vil tilgi, vente, og vente, men hvis en ikke kommer tilbake til Ham, vil Gud su seg og se den andre veien. Men Saulus kunne ikke forstå Guds hjerte og fulgte derfor etter det kjødelige ønsket. På slutten, var Saulus såret kritisk av bueskyttere og drepte så seg selv med hans eget sverd (1. Samuels-bok 31:3-4).

Saulus kropp henger i luften

Hva er straffen til den arrogante Saulus? Et skarpt spyd stikker gjennom hans abdomen når han henger i luften. Bladet på spydet er tettpakket med ting som ligner skarpe vridbor og skarpe kanter på et sverd.

Det er forferdelig smertefullt å bli hengt i luften som det er. Det er til og med mere smertende å bli hengt i luften mens et spyd stikker gjennom din abdomen, og din vekt bare bidrar til smerten. Spydet river opp den stikkede abdomen med skarpe kniver og vridbor. Når huden blir revet fra hverandre blir, muskler, ben, og tarmer synlige.

Når til tider, budbringeren fra helvete kommer til Saulus og snur spydet, alle de skarpe knivene og vridborene som sitter fast på den river også opp kroppen. Denne snurringen av spydene sprengte Saulus lunger, hjerte, mave, og tarmer.

En kort tid etter at Saulus holdt ut denne forferdelige torturen av hans tarmer som ble revet opp i småbiter, ble alle hans interne organer fullstendig gjenopprettet. Når de er fullstendig restaurert, kommer budbringeren fra helvete til Saulus og gjentar prosedyren. Mens han lider, vil Saulus tenke på alle de gangene og mulighetene til å angre som han ignorerte her i livet.

Hvorfor adlød jeg ikke Guds vilje?
Hvorfor kjempet jeg mot Ham?
Jeg burde ha lagt merke til
Profeten Samuels angring!
Jeg burde ha angret
når sønnen min bønnfalt meg gråtende!
Bare hvis jeg ikke hadde vært så ond mot David,
hadde min straff kanskje blitt mildere...

Det er umulig for Saulus å være angrende eller å beklage seg etter at han har fallt inn i helvete. Det er uutholdelig å bli hengt i luften med et spyd som stikker gjennom hans abdomen, men når budbringeren fra helvete kommer til Saulus for en annen runde med tortur, er Saulus overveldet med frykt. Smerter som kommer rett før er fremdeles altfor virkelige og livlige for ham, og han kveles nesten av bare tankene på de tingene som kommer. Saulus bønnfaler kanskje, "La meg vennligst være alene!" eller "Vær så snill og stopp denne torturen!" men det er nytteløst. Jo reddere Saulus blir, jo lykkeligere blir budbringeren fra helvete. Han vil snu spydet rundt og rundt, og smerten med å ha hans kropp revet opp er gjentatt uavbrutt for Saulus.

Arroganse er foregangsfiguren til ødeleggelse

Det følgende stedet er hverdagslig ting i enhver kirke i dag. En ny troende vil først motta og bli fyllt med den Hellige Ånd. Han vil være ivrig etter å tjene Gud og Hans tjenere for en liten stund. Men så vil den troende ikke lyde Guds vilje, Hans kirke, og Hans tjenere. Hvis dette er så, vil han begynne å dømme og vrake andre med de ordene fra Gud som han har hørt om. Han vil også ganske sikkert bli veldig arrogant i sine gjerningene.

Den første kjærligheten han delte med Herren har gradvis blitt mindre med tiden, og hans håp – som han engang hadde for himmelrike – ligger nå sammen med tingene her på denne jorden – ting som han engang forlot. Til og med i kirken, vil han nå bli tjent av andre, blir grådig etter penger og makt, og gi etter for de kjødelige ønskene.

Når han var fattig, ba han kanskje, "Gud, velsign meg med de materiale goder!" Hva skjer når han får velsignelsen? Istedenfor å bruke velsignelsen til å hjelpe de fattige, misjonærer, og Guds arbeide, sløser han nå bort Guds velsignelse ved å forfølge denne verdens goder.

For dette vil den Hellige Ånden inne i den troende jamre seg; hans ånd vil møte mange prøvelser og vanskeligheter; og straffen er kanskje like rundt hjørnet. Hvis han fortsetter med å synde, vil kanskje hans samvittighet bli numm. Han vil kanskje ikke kunne se forskjell på Guds vilje fra grådigheten til hans hjerte, ved å ofte søke etter det siste.

Noen ganger vil han kanskje bli sjalu på Guds tjenere som er beundret og elsket veldig høyt av medlemmene i kirken deres.

Han vil kanskje urettmessig anklage noen og forstyrre dem i deres prestetjenester. Til hans egen fordel, skaper han splittelser innenfor kirken, og ødelegger derfor kirken hvor Kristus oppholder seg. En slik person vil fortsette med å konfrontere Gud og bli redskapet til fienden Satan og djevelen, og vil til slutt ligne Saulus.

Gud motsetter seg de stolte, men gir ære til de fattigslige

Peters 1. brev 5:5 sier at *"Likeså skal dere yngre overordne dere under de eldre, og dere alle skal iklæ deres ydmykhet mot hverandre; for Gud står de stolte imot, men de ydmyke gir Han nåde."* Den stolte dømmer budet som blir forkynnet fra podiumet mens de hører på. De aksepterer det som står i samsvar med deres egne tanker, men forkaster det som ikke passer. De fleste menneskelige tanker er forskjellig ifra Guds. Du kan ikke si at du tror på og elsker Gud hvis du bare aksepterer de tingene som passer til dine egne tanker.

Johannes' 1. brev 2:15 forteller oss, *"Elsk ikke verden, heller ikke de ting som er i verden! Om noen elsker verden, da er kjærligheten til Faderen ikke i ham."* På samme måte hvis Faderens kjærlighet ikke finnes i dette individet, han eller henne har ikke et fellesskap med Gud. Det er på grunn av dette, hvis du påstår at du har et fellesskap med Ham, men du fremdeles spaserer i mørket, at du lyver og ikke lever med sannheten (Johannes' 1. brev 1:6).

Du burde alltid være forsiktig og hele tiden undersøke deg selv for å se om du har blitt arrogant, om du vil bli hjulpet istedenfor å hjelpe andre, og om kjærligheten for denne verdenen har krypet inn i ditt hjerte.

7. Det Fjerde Nivået med Straff for Judas Iscariot

Vi har sett at det første, andre, og det tredje nivået med straffer i det Lavere Dødsrike er veldig miserabelt og skrekkelig langt utenfor vår fantasi. Vi har også undersøkt mange grunner til at disse sjelene mottar slike skrekkelige straffer. Fra dette øyeblikket og videre, la oss forske inn i de mest skremmende straffene i det Lavere Dødsrike. Hva er noen eksempler på det fjerde nivået med straffer og hva slags ondskap har disse sjelene begått for å fortjene dem?

Å begå en utilgivelig synd

Bibelen forteller oss at for noen synder kan du bli tilgitt gjennom angerfølelse, mens det er andre slags synder som du ikke kan bli tilgitt, de syndene som forårsaker døden (Matteus' evangeliet 12:31-32; Brevet til Hebreerne 6:4-6; Johannes' evangeliet 5:16). Mennesker som gudsbespotter den Hellige Ånd, begår en synd med hensikt mens de hele tiden kjenner sannheten, og lignende vil også bli anvendt til disse kategoriene med synder, og de vil falle inn i den dypeste delen av det Lavere Dødsrike.

Vi ser for eksempel ofte mennesker som har blitt helbredet eller hatt deres problemer løst gjennom Guds ære. I begynnelsen er de entusiastiske etter å arbeide for Gud og Hans kirke. Men, noen ganger ser vi at de er fristet av verdenen, og til slutt snur ryggen til Gud.

De gir igjen etter for verdens nytelser, men denne gangen, gjør de det mye sterkere enn før. De utsetter kirkene for skam og fornærmer andre kristne og Guds tjenere. Ofte er de som offentlig erklærer deres tro på Gud de første til å dømme og stemple kirker eller prester som "kjettersk" basert på deres eget syn og begrunnelse. Når de ser en kirke som er fyllt med makt fra den Hellige Ånd og Guds mirakler som arbeider gjennom Hans tjenere, bare på grunn av at de ikke forstår, er de hurtige med å dømme hele organisajsonen som "kjettersk" eller ser på arbeidene til den Hellige Ånd som Satans arbeide.

De har bedratt Gud og kan ikke motta ånden med angerfølelse. Med andre ord, slike mennesker er ikke istand til å anger på deres synder. Derfor, etter døden, vil disse "kristne" motta tyngre straffer enn de som ikke trodde på Gud som deres egen personlige Frelser og endte opp i det Lavere Dødsrike.

Peters 2. brev 1:20-21 forteller oss at *"For om de har flyttet bort fra verdens urenhet ved å ha lært vår Herre og Frelser Jesus Kritus å kjenne, og så atter lar seg fange av den og ligger under for den, da er det siste blitt værre med dem enn det første. For det var bedre for dem at de ikke hadde kjent rettferdighetens vei, enn at de kjente den og så vendte seg bort fra det hellige bud som var overgitt dem."* Disse menneskene adlød ikke Guds ord og kjempet mot Ham selv om de hadde kjent ordet, og for dette vil de motta straffer som er mye større og tyngre enn de som ikke var troende.

Mennesker som har deres samvittighet stemplet

Sjeler som mottar det fjerde nivået med straffene har ikke bare begått utilgivelige synder, men har også hatt deres samvittighet stemplet. Noen av disse menneskene har fullstendig blitt slaver til fienden Satan og djevelen, som trosset Gud og kjempet hensynsløst mot den Hellige Ånd. Det er akkurat som om de personlig korsfestet Jesus på korset.

Jesus vår Frelser var korsfestet for å tilgi våre synder og fri menneskene fra forbannelse fra den evige døden. Hans dyrebare blod reddet alle de som trodde på Ham, men forbannelsen på menneskene som mottok det fjerde nivået med straffene gjør det så at han mangler kvalifikasjonene til å motta frelse selv med blodet til Jesus Kristus. Som følge av dette har de blitt dømt til å bli korsfestet på deres egne kors og mottar deres egne straffer i det Lavere Dødsrike.

Judas Iskariot, en av Jesus' Tolv Disipler og kanskje best kjent forræder i menneskenes historie, er det beste eksempelet. Med hans egne øyne, så Judas selve Guds Sønn. Han ble en av Jesus' disipler, lærte om budet, og var vitne til mirakler og tegn. Men Judas kunne fremdeles aldri kaste vekk hans grådighet og synd. Til slutt var Judas hisset opp av Satan og solgte hans lærer for 30 sølv stykker.

Samme hvor mye Judas Iskariot ville angre

Hvem tror du er skyldigere: Pontius Pilatus som dømte Jesus til å bli korsfestet, eller Judas Iskariot som solgte Jesus til jødene? Jesus' svar til en av Pilatus' spørsmål gir oss et klart svar:

"Du hadde ingen makt ifra meg hvis det ikke var gitt ovenfra; derfor har han som overga meg til deg, større synd" (Johannes' evangeliet 19:11).

Synden som Judas begikk er virkelig en større synd, en som en ikke kan bli tilgitt og kan derfor ikke få en angrende ånd. Når Judas ble klar over betydningen av hans synd, angret han og ga tilbake pengene, men han fikk aldri den angrende ånden. På slutten, hvor han var ute av stand til å seire over synden hans, begikk Judas Iskariot med pine selvmord. Apostelens gjerninger 1:18 gir en beskrivelse på Judas skrekkelige død. *"Han falt hodestups, hans kropp eksploderte og alle hans innvoller veltet ut."*

Judas hang på et kors

Hva slags straff vil Judas motta i det Lavere Dødsrike? I den dypeste delen av det Lavere Dødsrike henger Judas på et kors i forreste linje. Med Judas og hans kors på forreste linje er korsene til de som har kjempet sterkt mot Gud på rekke og rad. Scenen ligner en massegrav eller en kirkegård etter en omfattende krig eller et slagterhus fyllt med døde husdyr.

Korsfestelse er en av de verste straffene selv her på jorden. Bruken av korsfestelse tjener som et eksempel og som en advarsel til alle de kriminelle og de fremtidige kriminelle om deres eventuelle fremtid. Alle som henger på et kors, som er en smerte større enn selve døden, i flere timer – hvor kroppsdeler blir revet inn i biter, hvor insekter spiser på kroppen, og alt blodet renner ut av kroppen hans – vil engstelig lengte etter å ta sitt siste åndedrag så fort som mulig.

I denne verden, smerten med korsfestelse varer for det meste en halv dag. Men i det Lavere Dødrike hvor det ikke er noen ende til torturen og absolutt ikke noen død, vil tragedien av straffen med korsfestelsen fortsette helt til Dommedagen.

Likeledes har Judas på seg en krone som er laget av torner, som hele tiden gror og river i hans hud, stikker i skallen, og gjennomborer hjernen hans. I tillegg, under hans føtter er hva som ser ut som sprellende dyr. En nærmere titt avslører dem som sjeler som har fallt inn til det Lavere Dødsrike, og selv disse torturerer Judas. I denne verdenen, møter de også Gud og den oppsamlede ondskap, siden deres samvittighet har blitt stemplet. De vil også motta sterke straffer og torturer, og jo værre torturer de mottar, jo voldsommere blir de. Skiftesvis, som om de luftet deres sinne og pine, fortsetter de med å slå Judas med spydene.

Så håner budbringerne fra helvete Judas, og sier, "Dette er han som solgte Messias! Han har gjort ting godt for oss! Godt for ham! Hvor tåpelig!"

Fryktelig stor tortur for å ha solgt Guds Sønn

I det Lavere Dødsrike må Judas Iskariot ikke bare tåle den fysiske torturen men også uutholdelig mye psykisk torment. Han vil alltid huske at han ble forbannet for å ha solgt Guds Sønn. I tillegg, fordi navnet "Judas iskariot" har blitt entydig med bedrageri selv her i denne verden, øker hans psykiske tortur samtidig.

Jesus visste på forhånd at Judas ville bedra Ham og hva som ville skje med Judas etter døden. Det er på grunn av dette at Jesus prøvde å vinne Judas tilbake med budskapet, men Han visste også at Judas ikke kunne bli vunnet tilbake. I Markus 14:21, finner vi derfor Jesus gråtende, *"Menneskesønnen går bort, som skrevet er om Ham; men vær foriktig med det menneske ved hvem Menneskesønnen blir forrådt! Det hadde vært godt for det menneske om Han aldri var født."*

Med andre ord, hvis et individ mottar det første nivået med straff, som er den letteste straffen, ville det bli bedre for ham om han ikke hadde blitt født idet hele tatt, på grunn av at Hans smerter er så store og fryktelige. Hva med Judas? Han mottar den tyngste straffen!

For ikke å falle inn i helvete

Hvem frykter så Gud og beholder Hans budskaper? Det er de som alltid overholder Herrens Dag hellig og som gir hele tiendedelen til Gud – de to fundamentale delene i Kristus liv.

Å holde Herrens Dag hellig symboliserer din anerkjennelse av Guds høyeste makt med det åndelige kongerike. Å holde Herrens Dag hellig gir et tegn på at de anerkjenner og ser på deg som en av Guds barn. Men hvis du ikke holder Herrens Dag hellig, samme hvor mye du erklærer din tro på Gud Faderen, er det ikke noen åndelig bekreftelse på at du er en av Guds barn.I dette tilfelle har du ingen andre muligheter enn å dra til helvete.

Å gi hele tiendedelen til Gud betyr at du vedkjenner Guds høyeste makt over fattigdom. Det betyr også at du anerkjenner

Helvete

og forstår Guds enerett på hele universet. Ifølge Profeten Malakias 3:9, var isralittene forbannet etter at de "plyndret [Gud]." Han skapte hele universet og ga deg liv. Han gir oss solskinn og regn for å leve, energien til å arbeide, og beskyttelsen som svarer til en dags arbeide. Gud eier alt det du har. Derfor, selv om all vår inntekt tilhører Gud, tillater Han oss å gi Ham bare en tiendedel av hva vi enn tjener, og kan bruke resten på hva vi vil. HERREN til vertene sier i Profeten Malakias 3:10, *"Bær hele tienden inn i forrådshuset, så det kan finnes mat i mitt hus, og prøv meg på denne måte, sier Herren, hærskarenes Gud, om jeg ikke vil åpne himmelens sluser for dere og utøse velsignelser over dere i rikelig mål!"* Så lenge vi forblir trofaste til Ham med tanke på tiendedelen, vil Gud, akkurat som Han har lovet, kaste åpen sluseportene til himmelrike og helle ut så mye velsignelse at du ikke vil ha nok plass til det. Men hvis du ikke gir tiendedelen til Gud, betyr det at du ikke tror på Hans løfte med velsignelse, mangler troen om å bli frelst, og siden du har ranet Gud, har du ikke noe annet sted å gå enn helvete.

Derfor må vi alltid holde vår Herres Dag hellig, gi hele tiendedelen til Han som eier alt, og holde alle Hans budskap som er gitt i alle sekti seks bøkene i Bibelen. Jeg ber at ingen av leserne til denne boken vil falle inn i helvete.

I dette kapittelet, forsker vi inn i forskjellige slags straffer – delt stort sett opp i fire nivåer – og som er påført de forvervede sjelene som er stengt inn i det Lavere Dødrike. Hvor grusomt, redselsfullt, og miserabelt et sted er dette?

Peters 2. brev 2:9-10 forteller oss at *"Så sant vet Herren å utfri de gudfryktige av fristelser, men å holde de urettferdige i varetekt, med straff til dommens dag, aller mest dem som går etter kjøtt i uren lyst og forakter herredømme. De selvgode vågehalser! De skjelver ikke for å spotte de høye makter."* Onde menn som begår synder, og forstyrrer eller avbryter med kirkens arbeide, frykter ikke Gud. Slike folk som støyende konfronterer Gud kan ikke og burde ikke søke eller forvente å motta Guds hjelp når tiden kommer til lidelser og prøver. Helt til Dommen av den Store Hvite Tronen er utført, vil de bli stengt inne i dypet av det Lavere Dødsrike og motta straffene ifølge omfanget av deres onde gjerninger.

De som fører et godt, rettferdig, og ofrende liv er alltid lydige til Gud i troen. Derfor, selv når mannens ondskap fyllte jorden og Gud måtte åpne sluseportene til himmelrike, ser vi at bare Noah og hans familie blir reddet (Første Mosebok 6:8).

Måten Noah fryktet Gud og adlød Hans befalinger og derfor unngikk dommen og nådde frelsen, må også vi bli Guds lydige barn i alt vi gjør slik at vi vil bli Guds sanne barn og fullføre Hans forsyn.

6. kapittel

Straffene for å Gudsbespotte den Hellige Ånd

1. Lide i en Kjele med Kokende Væske
2. Klatre Opp en Loddrett Fjellvegg
3. Brendt i Munnen med et Varmt Jern
4. Forferdelig Store Torturerende Maskiner
5. Bundet Til en Trestamme

"Og hver den som taler et ord mot
Menneskesønnen, ham skal det bli forlatt;
men den som taler bespottelig mot den Hellige
Ånd, ham skal det ikke bli forlatt."
- Lukas 12:10 -

"For det er umulig at de som engang er blitt opplyst og har
smakt den himmelske gave og fått del i den Hellige Ånd og
har smakt Guds gode ord og den kommende verdens krefter,
og så faller fra, atter kan fornyes til omvendelse, da de på ny
korsfester Guds Sønn for seg og gjør Ham til spott."
- Hebreerne 6:4-6 -

I Matteus' evangeliet 12:31-32, sier Jesus til oss, *"Derfor sier jeg dere: Hver synd og bespottelse skal bli menneskene forlatt; men bespottelse mot Ånden skal ikke bli forlatt. Og om noen taler et ord mot Menneskesønnen, det skal bli ham forlatt; men om noen taler mot den Hellige Ånd, det skal ikke bli ham forlatt, hverken i denne verden eller i den kommende."*

Jesus stammet disse ordene mot jødene, som hadde bebreidet Ham for å forkynne evangeliet og utføre arbeidet med guddommelig makt, påstått at Han var under trolldom av den onde ånden eller at Han utførte miraklene ved makten til fienden Satan og djevelen.

Selv i dag fordømmer mange mennesker, som erklærer deres tro på Kristus, kirkene som er fyllt med mektige mirakler og undere fra den Hellige Ånd, og merker dem som "kjetterske" eller "djevelens arbeide" simpelthen fordi de ikke kan forstå eller akseptere det. Men hvordan kan Guds kongerike bli utvidet og evangeliet spredd rundt om i verden uten makten og autoriteten som kommer fra Gud, som betyr, arbeide fra den Hellige Ånd?

Motsi arbeidet til den Hellige Ånd er ikke noe forskjellig fra å motsi selve Gud. Gud vil derfor ikke erkjenne de som motsier arbeidet til den Hellige Ånd som Hans barn, samme hvor mye de erkjenner seg selv som "kristne."

Derfor må du huske på at selv etter at du har sett og erfart Guds bosted med Hans tjenere og vidunderlige og overraskende tegn og begivenheter som har funnet sted, hvis en fremdeles fordømmer Guds tjenere og Hans kirke som "kjettersk," har han veldig alvorlig blokkert og gudsbespottet den Hellige Ånd og det

Helvete

eneste stedet som så blir reservert til ham er dypet i helvete.

Hvis en kirke, en prest, eller noen annen av Guds tjenere som virkelig anerkjente den Treenige Gud, trodde på at Bibelen var Guds ord og forkynte den slik, er klar over livet som kommer i enten himmelrike eller helvete og Dommen, og tror på at Gud har den høyeste makten over alt og at Jesus er vår Frelser og forkynner det slik, hverken burde eller kan noen fordømme kirken, presten, og tjenerne til Guds" kjetteri."

Jeg grunnla Manmin Joong-ang Kirken i 1982 og har ført mangfoldige sjeler frelsens vei gjennom arbeidet av den Hellige Ånd. Utrolig nok, blandt menneskene som selv hadde personlig erfart arbeidet til den levende Gud var det de som egentlig motsa Gud ved å aktivt blokkere målene og arbeidene til menigheten, og spredde rykter og løgner om meg og kirken.

Mens Gud forklarte meg om lidelsene og kampene i dypet i helvete, åpenbarte Han også til meg om straffene som lå ventende i det Lavere Dødsrike for de som legge hindringer i veien, ikke adlyder, og gudsbespotter den Hellige Ånd. Hva slags straffer vil de få?

1. Lide i en Kjele med Kokende Veske

Jeg angrer på og forbanner det ekteskapsløfte som jeg dannet med min mann.
Hvorfor er jeg her i dette forferdelige stedet?
Han narret meg og på grunn av ham, er jeg her!

Straffene for å Gudsbespotte den Hellige Ånd

Dette er er klage fra en kone som mottar det fjerde nivået med straff i det Lavere Dødsrike. Grunnen til at hennes klagende jamring gir gjenlyd gjennom de mørke og askegrå viddene er fordi hennes mann lurte henne til å motsi Gud på grunn av ham. Konen var ond, men hennes hjerte hadde allikevel til en viss grad fryktet Gud. Konen kunne derfor ikke hindre den Hellige Ånden og kjempe mot Gud på egen hånd. Men som følge av hennes kjødelige ønsker, kom hennes samvittighet sammen med hennes manns' onde samvittighet, og parret kjempet hardt mot Gud og Hans virksomheter.

Parret som handlet i ondskapen sammen er nå starffet sammen som et par selv i det Lavere Dødsrike, og vil lide av alle deres onde gjerninger. Hva så vil straffen deres innebære i det Lavere Dødsrike?

Et par som er torturert en av gangen

Kjelen er fyllt med en forferdelig vond lukt og de fordømte sjelene blir dyppet i den bryske kokende væsken, en etter en. Når en budbringer fra helvete legger hver sjel inn i kjelen, vil temperaturen på væsken brenne hele kroppen – og bli veldig lignende baksiden på en frosk – og øynene spretter ut.

Når de fortvilet prøver å unnvike denne torturen og stikker deres hoder ut av kjelen, store føtter tramper på og drukner deres hoder. Plantet tett på sålene til disse store føttene til budbringerne far helvete er små jern eller messing sverd. Når de blir trampet ned av disse føttene blir sjelene tvunget tilbake inn i kjelen med store åpne sår og skrammer.

Etter en stund, stikker sjelene ut hodene deres igjen fordi de ikke kan holde ut den brennende følelsen. Akkurat da, som det har blitt gjort så mange ganger før, blir de trampet på og dyttet tilbake inn i kjelen. Videre, fordi sjelene skifter på med å motta denne torturen, hvis mannen er inne i kjelen, må konen se på hans lidelse, og omvendt.

Kjelen er gjennomsiktig slik at innsiden av kjelen er synlig utenfra. I begynnelsen når mannen eller konen ser hans/hennes elskede torturert og plaget på en slik ynkelig måte, vil de skrike om nåde på vegne av den andre på grunn av gjensidig kjærlighet:

Min kone er der inne!
Vær så snill og ta henne ut!
Vær så snill og fri henne fra lidelsen.
Nei, nei, ikke tråkk på henne.
Vær så snill og ta henne ut, gjør det for all del!

Men etter en stund, slutter mannens trygling. Etter at han har blitt straffet et par ganger, begynner han å innse at mens hans kone lider, kan han ta en pause, og når hun kommer ut av kjelen, er det hans tur til å gå inn i kjelen.

Klandre og forbanne hverandre

Ektepar her på jorden vil ikke bli par i himmelen. Men dette parret vil forbli et par i det Lavere Dødsrike, og motta straffene sammen. Så på grunn av at de vet at de burde bytte på for å få straffene deres, har deres trygling nå en helt forskjellig tone.

Nei, nei, vær så snill og ikke ta henne ut.
La henne være der litt lenger.
Vær så snill og la henne bli der
så jeg kan hvile litt lenger.

Konen vil at mannen skal lide i all evighet, og mannen ber også om at hans kone kan være i kjelen så lenge som mulig. Men å se på den andre lide gir ikke den andre tid nok til å hvile. Korte hvile perioder gjør ikke og kan ikke erstatte den varige lidelse, spesielt siden mannen vet at så fort konen er ferdig er det hans tur. Videre, når en er midt i en tortur og ser og hører den andre bønnfaller om lengre lidelse, vil de forbanne hverandre.

Her blir vi fullstendig klar over resultatet av den kjødelige kjærligheten. Virkeligheten om den kjødelige kjærligheten – og virkeligheten om helvete – er når en lider av uutholdelig mye og stor omfatning med tortur, vil han eller henne ønske at den andre skal bli torturert, på hans/hennes vegne.

Mens konen angrer på at hun motsa Gud "på grunn av hennes mann," forteller hun heftig hennes mann, "Det er på grunn av deg at jeg er her!" Som svar, og med en høyere stemme, forbanner og klandrer mannen hans kone som støttet og deltok i hans onde gjerninger.

Jo mere ondskap ekteparret begår...

Budbringerne fra helvete i det Lavere Dødsrike er så lykkelige og fornøyde med denne mannen og konen som forbanner hverandre, og trygler budbringeren om å straffe deres ektefelle lenger og verre.

Se, de forbanner hverandre til og med her!
Deres ondskap gleder oss veldig mye!

Som om de så en interessant film, gir budbringerne fra helvet stor oppmerksomhet og innimellom fyller de på flammene for å nyte seg selv mere. Jo mere mannen og konen lider, jo mere forbanner de hverandre, og helt naturlig blir budbringerens' latter bare høyere.

Vi må forstå helt klart en ting her. Når mennesker begår ondskap selv her i livet, blir onde ånder fornøyde og lykkelige. Samtidig, jo mere ondskap som menneskene begår, jo mere trekker de seg unna Gud.

Når du står opp mot vanskeligheter og du bringer skam over verden, jamrer, klager, og blir mere og mere bitter mot spesielle individer eller omstendigheter, kommer fienden djevelen springende til deg, og vil øke dine vanskeligheter og prøvelser med glede.

De kloke mennene som kjenner til loven i den åndelige verdenen vil aldri jamre eller klage seg, men takker fremdeles alle omstendigheter og i en positiv innstilling tilstår alltid om deres tro på Gud, slik at de forsikrer seg om at deres hjerte alltid er fokusert på Ham. Også, hvis en ond, ond person skulle plage deg, som Paulus' brev til Romerne 12:21 forteller oss *"La deg ikke overvinne av det onde, men overvinn det onde med det gode,"* må du alltid møte ondskap med godhet og gi alt til Gud.

På samme måte, når du følger det som er godt og spaserer i lyset, vil du få makten og autoriteten til å overvinne inflytelsen av de onde åndene. Da kan ikke fienden Satan og djevelen holde deg til regnskap for å være ond og alle dine vanskeligheter vil forsvinne mye fortere. Gud er fornøyd når Hans barn handler og lever ifølge deres gode tro.

Ikke under noen omstendigheter burde du stråle ut ondskap på den måten som vår fiende Satan og djelvelen vil, men du burde alltid bli troende på en måte som tilfredstiller vår Gud Fader.

2. Klatre Opp en Loddrett Fjellvegg

Om du er Guds tjener, en av de elder, eller en tjener i Hans kirke, vil du ganske sannsynlig bli Satans offer hvis du ikke omskjærer ditt hjerte, men fortsetter med å synde.Noen mennesker snur seg vekk ifra Gud fordi de elsker verdenen. Andre slutter med å gå i kirken etter at de har blitt fristet. Andre vil fremdeles trosse Gud ved å blokkere Hans kirkes planer og misjoner, slik at de blir hjelpesløse på vei til døden.

Et tilfelle hvor hele familien bedrar Gud

Følgende er en fortelling om familien til et individ som en gang hadde trofast arbeidet for Guds kirke. De omskjærte ikke hjertene deres, som var fyllt med raseri og grådighet. Derfor brukte de makten deres med andre kirkemedlemmer og begikk

Helvete

synder gjentatte ganger. På slutten kom Guds straff ned til dem, når faderen i familien ble diagnostisert med en seriøs sykdom. Hele familien kom sammen og begynte å ofre bønner med en virkelig angerfølelse og også bønner om hans liv. Gud mottok deres angrende bønner og helbredet faren. På den tiden fortalte Gud meg noe helt uforventet: "Hvis jeg roper på hans ånd nå, vil han kanskje i det minste motta en skamful frelse. Hvis jeg lar ham leve litt lenger, vil han ikke motta noen slags frelse."

Jeg forsto ikke hva Han mente, men et par måneder senere, da jeg så familiens oppførsel, begynte jeg snart å forstå det. Et familiemedlem hadde vært en trofast tjener i kirken min. Han begynte å legge hindringer i veien for Guds kirke og Hans kongerike ved å feilaktig vitne mot kirken og gjøre mange andre onde gjerninger. På slutten ble hele familien narret og alle snudde seg vekk ifra Gud.

Når den forhenværende tjeneren i min kirke satte opp hinder og gudsbespottet forferdelig den Hellige Ånd, begikk resten av familien utilgivelige synder, og faren som hadde blitt gjenopplivet gjennom mine bønner døde like etterpå. Hvis faren hadde dødd når han hadde, selv med den lille troen han hadde kunne han ha blitt frelst. Men han forlot hans tro, og etterlot seg selv ingen sjanse for frelse. Hvert familiemedlem vil også falle inn i det Lavere Dødsrike, inn i den som faren fallt inn i, og hvor alle i familien vil motta straffene. Hva så vil straffen deres innebære?

Klatre opp en loddrett fjellvegg uten noe hvile

I området hvor familien ble starffet, står det en loddrett fjellvegg. Denne fjellveggen er så høy at toppen dens ikke er synlig fra grunnen. Skremmende skriking fyller luften. Omkring halvveis opp denne blodige fjellveggen er tre sjeler straffet, som bortenfra ser ut som tre små prikker.

De klatrer opp denne røffe og harde fjellveggen med bare hender og bare føtter. Akkurat som om deres føtter ble gnidd med sandpapir, blir deres hud fort skrellet av og blir forslitt. Deres kropper drypper av blod. Grunnen til at de klatrer opp denne tilsynelatende umulige fjellveggen er for å unngå en budbringer fra helvete som flyr over området.

Når denne budbringeren fra helvete reiser hendene hans, etter at han har sett disse tre sjelene klatre en stund, kommer bittesmå insekter som ser akkurat ut som budbringeren fra helvet spredd ut over hele jorden akkurat som vannfnugg som kommer sprutende ut av en sprøyte. Gi til kjenne deres skarpe tenner med munnen deres vid åpen, disse insektene klatrer opp fjellveggen raskt og forfølger sjelene.

Forestill deg at du kan se hundrevis av skolopendere, taranteller, eller kakerlakker, alle av dem på størrelse med en finger, som dekker gulvet ditt når du kommer hjem. Forestill deg også at alle disse redselsfulle insektene springer mot deg, alle på en gang.

Bare synet av en slik insekt er nok til å skremme deg. Hvis alle disse insektene stormer mot deg på en gang, vil det kanskje være det mest hårreisende øyeblikket i ditt liv. Hvis disse insektene

Helvete

begynner å klatre opp dine føtter og ben og snart vil overvinne din kropp, hvordan kan noen i det hele tatt beskrive slikt et forferdelig syn.

Men i det Lavere Dødsrike, er det umulig å se om det er hundrevis eller tusenvis av disse insektene. Sjelene vet bare at det er et uberegnelig antall av disse insektene, og at de tre sjelene er deres bytte.

Utallige insekter stormer til de tre sjelene

Når de ser disse insektene på bunnen av fjellveggen, klatrer de tre sjelene opp fjellveggen fortere og fortere. Men i løpet av kort tid når de med en gang opp til de tre sjelene, blir overveldet, og faller ned til bunnen hvor de blir etterlatt til seg selv for å få disse forferdelige insektene til å spise på alle kroppsdelene deres.

Når disse sjelene har hatt kroppsdelene deres gnaget på, er smertene så store og uutholdelige at de skriker ut som udyr og hjelpesløst vrir seg og rister kroppene deres frem og tilbake. De prøver å riste insektene av seg selv, og gjør så ved å tråkke og presse ned på hverandre, samtidig som de fortsetter med å forhåne og forbanne hverandre. I midten av slik lidelse, utstråler hver av dem mere ondskap enn den andre, og søker bare etter hans/hennes egne interesser og fortsetter med å forbanne hverandre. Det virker som om budbringeren fra helvete nyter dette synet mer enn noe annet de har sett.

Så når budbringeren fra helvete svever over området og holder ut hånden sin og samler disse insektene, forsvinner de med det samme. De tre sjelene føler ikke gnagingen av insektene lenger, men de kan ikke stoppe og klatre opp den loddrette fjellveggen. De vet godt at den flyvende budbringeren fra helvete vil slippe løs insektene igjen ganske snart. Med alle deres krefter, fortsetter de med å klatre opp fjellveggen. I denne uhyggelige stillheten er de tre sjelene fanget av en trykkende frykt over de tingene som venter på dem og kampen om å klatre opp fjellveggen.

Smertene av de dype sårene som de får mens de klatrer kan ikke lett bli ignorert. Men fordi frykten over å ha kroppene deres spist på av insekter og ha dem revet i stykker er mye større, overser de tre sjelene deres blodige kropper når de klatrer så fort de kan. Hvor miserabelt synet av dette er!

3. Brendt i Munnen med et Varmt Jern

Salomos ordspråk 18:21 forteller oss at *"Død og liv er i tungens vold, og hver den som gjerne bruker den, skal ete dens frukt."* Jesus forteller oss i Matteus evangeliet 12:36-37, *"Men jeg sier dere at for hvert unyttig ord om menneskene taler, skal de gjøre regnskap på dommens dag. For etter dine ord skal du kjennes rettferdig, og etter dine ord skal du fordømmes."* De to sitatene forteller oss at Gud vil holde oss ansvarlige for våre ord og dømme oss følgende.

På den ene siden, de som prater sannhetens gode ord vil bære god frukt ifølge ordene deres. På den annen side, de som uttaler onde ord uten troen vil bære ond frukt ifølge deres onde ord som kommer fra deres onde lepper. Vi kan noen ganger se hvordan

Helvete

ord som blir sagt uten tanke kan medføre uutholdelig mye og store smerter og pine.

Alle ord vil komme tilbake til deg

På grunn av forfølgelsen av deres familier vil noen troende si og be, "Hvis min familie kan angre gjennom en ulykke, er det verdt det." Så snart fienden Satan og djevelen hører disse ordene, forteller de disse ordene til Gud og sier, "Ordene til denne personen burde bli utfyllt." Derfor blir ord til frø, og ulykken hvor menneskene ble invalide og kom opp mot nye vanskeligheter, vil finne sted.

Er det nødvendig å bringe lidelser til deg selv med slike dumme og unødvendige ord? Når sorg dessverre ligger som en skygge over livet deres, vil mange mennesker tvile. Andre vil ikke engang være klar over at vanskelighetene har kommet på grunn av deres egne ord, og andre husker ikke engang hva de sa som forårsaket denne fortvilelsen.

Derfor ved å huske på at alle ord vil komme tilbake til en på en eller annen måte, må vi alltid oppføre oss pent og være forsiktig med hva vi sier. Samme hva hensikten vår er, hvis du sier noe som er hverken godt eller pent, kan Satan lett – og med sikkerhet vil – holde deg ansvarlig for dine ord og du vil bli utsatt for plagsomme, og noen ganger unødvendige, problemer.

Hva ville skje med noen som med hensikt løy angående Guds kirke og Hans elskede tjenere, og derfor la hindringer i veien for kirkens misjoner og motsa Gud? Han eller henne vil fort bli ført under Satans inflytelse og til straffene i helvete.

Følgende er bare et eksempel på straffer som er påført alle de som har lagt hindringer i veien for den Hellige Ånden med ordene deres.

Mennesker som motsier den Hellige Ånd muntlig

Det var en person som hadde vært med på og tjent i min kirke lenge, og hadde holdt mange titler. Men han hadde ikke omskjært hjertet sitt, som i høy grad er den viktigste tingen forlangt av alle kristne. På utsiden virket han under alle omstendigheter for å være en trofast tjener som elsket Gud, kirken, og hans kollegaer i kirken.

Blandt hans familiemedlemmer var en som hadde blitt helbredet av en uhelbredelig sykdom som kunne ha gjort ham fullstendig invalid og en annen som hadde blitt gjennopplivet ved dødens dørterskel. Bortsett ifra disse, hadde hans familie mange erfaringer og velsignelser fra Gud, men han omskjærte aldri hans hjerte eller kastet vekk hans ondskap.

Så når hele kirken fikk seriøse vanskeligheter, ble hans familie fristet av Satan til å bedra den. Siden han ikke husket nåden og velsignelsene som han hadde mottat gjennom kirken, forlot han kirken som han lenge hadde tjent i. Han begynte også å motsi denne kirken og snart, som om han var på en evangeliseringsmisjon, begynte han selv å besøke kirkemedlemmer og blandet seg inn i troen deres.

Selv om han hadde forlatt kirken på grunn av usikkerhet i hans tro, kunne han kanskje hatt anledning til å motta Guds medlidenhet på slutten hvis han bare hadde holdt seg stille

151

angående emner som han ikke kjente godt til og prøvde å skille mellom hva som var riktig og galt.

Men han overvant ikke hans egen ondskap og syndet altfor mye med hans talemåte, og en pinefull straff venter på ham.

Munnen svidd og kroppen vridd ut av ledd

En budbringer fra helvete svidde hans munn emd et glovarmt jern fordi han skarpt motsa den Hellige Ånd med ordene som kom ut fra munnen hans. Denne straffen er veldig lik straffen til Pontius Pilatus, som dømte den uskyldige Jesus til korsfestelse på grunn av ordene som kom ut ifra hans munn, og som nå har hans tunge fjernet i det Lavere Dødsrike.

I tillegg er sjelen tvunget til å gå inn i et glassrør som har plugger på hver sokkel, hvor metallhåndtaker blir plasert. Når budbringerne fra helvete snur på disse håndtakene, blir kroppene til den fangede sjelen vridd rundt. Hans kropp blir vridd rundt mer og mer, og akkurat som skittent vann blir vridd ut av en gulvkost, vil sjelens blod sprute ut gjennom øynene, nesen, munnen, og alle andre hull i kroppen hans. På slutten vil alt hans blod og livskraft sprute ut av hans celler.

Kan du noensinne tenke deg hvor mye krefter en trenger for å kunne presse en bloddråpe ved å vri fingrene dine?

Sjelens blod og livskraft blir presset ikke bare fra en del av kroppen, men fra hele hans kropp, fra top til tå. Alle hans ben og muskelsystem er vridd og ødelagte og alle hans celler har gått i oppløsning, slik at til og med den siste dråpen av noe slags væske fra kroppen kan bli presset ut. Hvor smertefullt dette må være!

Straffene for å Gudsbespotte den Hellige Ånd

Til slutt blir glassrøret full av blod og væske fra kroppen hans, slik at det på lang avstand ser ut som en flaske med rødvin. Etter budbringerne fra helvete vrir sjelens kropp flere ganger helt til hver eneste dråpe med væske fra kroppen har blitt sølt bort, lar de kroppen være for en stund så den kan bli fornyet.

Men selv om hans kropp har blitt fornyet, hvilket håp har denne sjelen? Fra det øyeblikket hans kropp har blitt fornyet, blir kroppen igjen vridd og presset gang på gang uten noen ende. Med andre ord, øyeblikkene mellom hans tortur er bare en forlengelse av torturen.

For at han hindret Guds kongerike med hans tunge, denne sjelens lepper er svidd og som en belønning for at de aktivt hjalp Satans arbeide, blir hver eneste unse med væske i hans kropp presset ut.

I den åndelige verdenen, vil en mann høste hva han sår, og hva enn han har gjort vil han få tilbake. Vær så snill og hold dette fakta i ditt indre, og gi ikke etter til ondskap men bare med gode ord og gjerninger, lev et liv som er æreverdig til Gud.

4. Forferdelig Store Torturerende Maskiner

Sjelen erfarte det personlige arbeidet til den Hellige Ånd når han ble helbredet fra hans sykdom og svakhet. Etter det ba han helhjertet for å kunne omskjære hans hjerte. Hans liv var ført og veiledet av den Hellige Ånd og bærte frukten, han vant kirkemedlemmenes ære og kjærlighet, og ble en prest.

Grepet i hans egen stolthet

Idet han vant æren og kjærligheten til de rundt ham, ble han stadig mere arrogant over at han ikke lenger kunne med riktighet se på seg selv, og samvittighetsløst stoppet med å omskjære hans hjerte. Han hadde alltid vært en bråsint og sjalu mann, og istedenfor å kaste vekk disse tingene, begynte han å dømme og vrake alle de som hadde rett, og han holdt nag mot alle som ikke tilfredstilte eller var enige med han.

Med en gang en mann griper fatt i hans egen stolthet og gjør onde ting, mere ondskap utstrømmer fra ham og han kan ikke lenger begrense seg selv eller ta hensyn til noens advarsel. Denne sjelen stablet opp mere og mere ondskap, ble fanget i Satans felle, og motsa Gud åpent.

Frelse er ikke fullstendig når han mottar den hellige Ånd. Selv når du blir fyllt med den Hellige Ånd, erfarer nåde, og tjener Gud, er du akkurat som en maratonløper som fremdeles ligger langt unna målet – renselsen. Samme hvor godt løperen løper, hvis han eller henne stopper løpet eller besvimer, hjelper det ikke løperen. Mange mennesker løper mot målet – himmelrike. Samme hvor fort du vil ha sprunget opp til et visst punkt, samme hvor nærme du vil ha kommet til målet, hvis du stopper løpet, blir dette slutten av løpet for deg.

Ikke anta at du vil stå helt fast

Gud forteller oss også at hvis vi er "lunkne," vil vi bli forsaket (Johannes' Åpenbaring 3:16). Selv om du er en mann/

kvinne med tro, må du alltid bli fyllt med den Hellige Ånd; opprettholde lidenskap for Gud; og lidenskapelig gripe inn i himmelens kongerike. Hvis du stopper løpet halvveis gjennom, akkurat som de som ikke deltar i løpet fra begynnelsen av, kan du ikke bli frelst.

På grunn av dette tilsto apostelen Paulus, som var trofast til Gud med hele hans hjerte at, *"Jeg dør hver dag, så sant som jeg kan rose meg av dere, brødre, i Jesus Kristus, vår Herre"* (Paulus' 1. brev til Korintierne 15:31) og at *"Jeg undertvinger mitt legeme og holder det i trældom, forat ikke jeg som preker for andre, selv skal finnes uverdig"* (Paulus' 1. brev til Korintierne 9:27).

Selv om du har den anledningen til å lære andre, hvis du ikke kaster vekk dine egne tanker og slår din egen kropp for å gjøre den til din slave akkurat som Paulus gjorde, vil Gud forlate deg. Dette er på grunn av at *"din fiende djevelen sniker rundt som en brølende løve for å finne noen å ødelegge"* (Peters' 1. brev 5:8). Paulus' 1. brev til Korintierne 10:12 sier, *"Derfor, den som tykkes seg i stå, han se til at han ikke faller."* Den åndelige verden er evig og ved at vi blir mere og mere lik Gud har heller ingen ende. Måten en bonde sår frø på våren, kultiverer den hele sommeren, og høster hans avlinger på høsten, må du hele tiden utvikle den for at din sjel skal utmerke seg og bli klar til å møte Herren Jesus.

Vri og hakke på hode

Hva slags straffer venter på denne sjelen, som stoppet å

Helvete

omskjære sitt hjerte fordi han trodde at han stod urokkelig, men som til slutt falt ned? En maskin som ligner budbringeren fra helvete, en nedfalt engel, torturerer ham. Maskinen er mange ganger større enn budbringeren fra helvete, og gir sjelen en kald grøssning bare ved å se på den. På hendene til tortur maskinen er det skarpe og spisse fingernegler lenger enn høyden til et gjennomsnittlig menneske.

Denne store torturmaskinen holder opp sjelen fra nakken hans med hans høyre hånd vrir sjelens hode med dens venstre hånds fingernegler, som hakker på hans hode og graver inn i hans hjerne. Kan du i det hele tatt forestille deg hvor smertefult dette måtte være?

Denne fysiske smerten er uutholdelig; den psykiske smerten er mere uutholdelig. Foran øynene til sjelen er en slags lysbilde fremviser som livlig viser karakteristiske egenskaper fra hans lykkeligste øyeblikker i dette livet: lykke som en føler når en først erfarer Guds nåde, lykke av å lovpise Ham, tiden når han var ivrig etter å fullføre Jesus' befaling til å "gå og lage disipler av alle nasjonene," og lignende.

Psykisk tortur og hånskap

For sjelen, hver scene er daggert i hans hjerte. Han var en gang en tjener for den allmektige Gud og var full av håp etter å kunne leve i det vidunderlige nye Jerusalem. Han er nå fanget i dette forferdelige stedet. Denne sterke kontrasten river opp hans hjerte i små deler. Sjelen kan ikke lenger tåle den psykiske torturen og begraver hans blodige og sjuskete hode og ansikt i hans hender. Han ber etter nåde og en slutt på torturen, men det er ikke noen ende på hans lidelse. Etter en tid, slipper tortur maskinen sjelen til terrengnivået. Da omringer og håner budbringerne fra helvete han, som har sett på at sjelen lider, og sier, "Hvordan kunne du ha vært en av Guds tjenere? Du ble en av apostlene til Satan, og nå er du Satans underholdning."

Idet han hører på håningen, gråtingen, og skrikingen om nåde, vil de to fingrene på den høyre hånden av torturmaskinen plukke ham opp i nakken. Maskinen løfter ham til høyden av hans nakke og stikker sitt hode med dens skarpe spisse fingernegler på dens venstre hånd, uten å ta notis av sjelens buktende bevegelse. Maskinen gir mere tortur ved å spille lysbilde fremviseren igjen. Denne torturen vil fortsette til Dommedagen.

5. Bundet Til en Trestamme

Dette er straffen for en av Guds forhenværende tjenere, som en gang lærte medlemmene i kirken hans og overholdt mange viktige stillinger.

Motsi den Hellige Ånd

Denne sjelen hadde et sterkt ønske om berømmelse, materialistisk fortjeneste, og makt i hans karakter. Han utførte veldig forsiktig hans gjerninger men forsto ikke hans egen ondskap. På et tidspunkt stoppet han å be, og derfor stoppet han i realiteten å anstrenge seg for å omskjære sitt hjerte. Samvittighetsløst vokste all slags ondskap i ham akkurat som giftig sopp, og når kirken som han tjente kom i en seriøs krise, ble han umiddelbart tatt av Satans makt.

Når han motsa den Hellige Ånd etter at han hadde blitt fristet av Satan, ble hans synder bare mere seriøse fordi han hadde blitt en leder i kirken hans og han hadde negativ inflytelse på så mange kirkermedlemmer og hindret Guds kongerike.

Være gjenstand for både tortur og hån

Denne mannen mottar en straff ved å bli bundet til en trestamme i det Lavere Dødsrike. Hans straff er ikke så alvorlig som den til Judas Iskariot, men den er fremdeles harsk og uutholdelig.

Budbringerne fra helvete viser sjelen lysbilder som demonstrerer scener som beskriver de lykkeligste øyeblikkene i hans liv, de fleste fra tider når han var en av Guds trofaste tjenere. Denne psykiske torturen minner ham om at han en gang hadde en lykkelig tid og en sjanse til å motta Guds overflodige velsignelser, men han omskjærte aldri hans hjerte på grunn av hans grådighet og falskhet, og han er her nå for å motta denne forferdelige straffen.

Hengende fra taket er mange sorte frukter, og etter at de viste sjelen en scene ifra lysbildene, peker budbringerne fra helvete på taket og håner ham og sier, "Din grådighet ga frukt som denne!" Da faller frukten ned en etter en. Hver frukt er et hode av alle de som fulgte ham når han motsa Gud. De begikk den samme synden med denne sjelen, og resten av kroppene deres, etter at den grusomme torturen hadde blitt stoppet. Bare hodene deres som henger fra taket gjenstår. Sjelen som var bundet til treet og narret disse menneskene i denne verden til å følge veien med hans grådighet og å gjøre onde ting, blir derfor frukten til hans grådighet.

Når en tjener fra helvete håner ham, blir denne håningen et signal for å ha disse fruktene falle og eksplodere en etter en. Da ruller et hode ut av sekken med et smell. Skuespill, historisk eller actionfilm, teaterstykker, eller filmer hvor en persons hals har blitt skjært åpen beskriver vanligvis den døde personens hode med sjuskete hår, et blodig ansikt, blemmede lepper, og stirrende øyne. Hodene som faller ned fra takene ligner veldig hodene i slike dramaer eller filmer.

Hodene som faller fra taket gnager på sjelen

Når de redselsfulle hodene faller ifra taket, klenger de seg til sjelen en etter en. De klenger seg først til bena hans og gnager dem av.

En annen scene fra lysbilde fremvisningen passerer foran sjelens øyne og budbringerne fra helvete håner ham igjen og sier, "Se, din grådighet henger slik!" Så faller en annen sekk ifra taket, sprekker, og et annet hode klenger seg til og ondskapsfullt biter sjelens armer.

På denne måten når budbringeren fra helvete håner sjelen, faller hoder ned fra taket, en etter en. Disse hodene dingler over hele sjelens kropp akkurat som et tre som bærer massevis av

Helvete

frukt. Smertene ved å bli bitt av disse hodene er helt forskjellig fra å bli bitt av noen mennesker eller dyr her på jorden. Giften fra de skarpe tennene til disse hodene sprer seg fra de delene som har blitt tygget på til de indre knoklene, og gjør kroppen solid og mørk. Denne smerten er så stor at å bli gnaget på av insekter eller bli revet fra hverandre av beist virker mye mindre smertefullt.

Sjelene som bare har deres hoder igjen måtte lide torturen av å ha resten av kroppene deres kuttet av og revet fra hverandre. Hvor mye misunnelse ville de ha mot denne sjelen? Selv om de motsa Gud utfra deres egen ondskap, deres ønske om å straffe ham tilbake for deres fall er så ondskapsfullt og desperat. Sjelen vet veldig godt at han er straffet på grunn av hans grådighet. Men istedenfor å være klagende og angre på hans synder, er han opptatt med å forbanne hodene til de andre sjelene som biter og knuser hans kropp. Ettersom tiden går og smertene øker, blir sjelen bare mer og mer aggressiv og ondskapsfull.

Du må ikke begå utilgivelige synder

Jeg har gitt fem eksempler på straffer som har blitt gitt til mennesker som motsier Gud. Slike sjeler må motta tyngre straffer enn mange andre fordi de, på et tidspunkt i deres liv, arbeidet for Gud som ledere og for å utvide Hans kongerike i kirken.

Vi må her huske at mange av sjelene har fallt inn i det Lavere Dødsrike og mottar straffer, selv om de tror på Gud, og trofast og ivrig tjener Ham, Hans tjenere, og Hans kirke.

Du må også huske på å aldri si noe imot, motarbeide, eller

gudsbespotte den Hellige Ånd. Ånden for angring vil ikke bli gitt til de som motsier den Hellige Ånd, spesielt fordi de konfronterer den Hellige Ånd etter at de har erklært deres tro på Gud og etter at de har personlig erfart arbeidet til den Hellige Ånd. Derfor kan de ikke engang angre.

Fra tidlig av i mitt presteembete helt til i dag, har jeg aldri kritisert noen andre kirker eller noen andre av Guds tjenere, og aldri fordømt dem som "kjettere."Hvis andre kirker og prester tror på den Treenige Gud, gjenkjenner tilværelsen av himmelen og helvete, og forkynner budskapet om frelse gjennom Jesus Kristus, hvordan kan de i det hele tatt bli kjetterske?

Dessuten er det veldig klart at du motsier den Hellige Ånd når du fordømmer og setter merke på kirken hvor en tjener gjennom Guds myndighet og tilstedeværelse er vist og bekrefte på nytt. Husk på at det ikke er noe tilgivelse for en slik synd.

Derfor, helt til sannheten er bragt på det rene, kan ingen fordømme noe som "kjettersk." I tillegg må du aldri begå synden med å legge hindringer i veien for og konfrontere den Hellige Ånd med din tunge.

Hvis du forlater den forpliktelse som Gud har gitt deg

Vi må aldri forlate de forpliktelsene som Gud har gitt oss på egen hånd i noen omstendigheter. Jesus legger vekt på betydningen av gjerningen gjennom parallellen av begavelsene (Matteus evangeliet 25).

Det var en mann som dro på en reise. Han samlet sammen hans tjenere og betrodde hans eiendom til dem ifølge hver og en av deres evner. Han ga fem talenter til den første tjeneren, to til den andre, og en til den siste. Den første og andre tjeneren investerte pengene deres og hver av dem ble fordoblet. Men tjeneren som hadde mottat et talent dro avsted, gravde et hull i jorden, og gjemte hans herres penger. Etter lang tid, kom herren tilbake og avgjorde sin konte med hver av dem. Mennene som hadde mottat fem og to talenter presenterte henholdsvis deres andre halvdel. Herren roset hver av dem og sa, "Godt gjort, gode og trofaste tjenere!" Da ble mannen som hadde mottat et talent forlatt fordi han ikke hadde arbeidet med pengene og fått noen renter på den, men istedenfor hadde han bare holdt på den.

"Talentet" i denne lignelse refererer til alle forpliktelser som Gud gir deg. Du ser at Gud forlater han som bare holder på hans forpliktelse. Likevel vil mange mennesker rundt oss forlate deres forpliktelser som de har fått ifra Gud. Du må innse at de som har forlatt deres forpliktelser på egen hånd vil med sikkerhet bli dømt på Dommedagen.

Bli kvitt hykleri og omskjær ditt hjerte

Jesus har også referert til betydningen av å omskjære ditt hjerte når han skarpt irettesatte lovens lærere og fariseerne som hyklere. Lovens lærere og fariseerne latet til å leve et trofast liv, men hjertene deres var fulle av ondskap slik at Jesus irettesatte dem skarpt, og sa at de var som hvitvaskede gravsteiner.

Ve dere, deres skriftlærde og fariseere, deres hyklere! For dere som ligner kalkede graver, som utvendig er fagre å se til, men innvendig er fulle av dødningeben og all urenhet. Således synes også dere utvendig rettferdig for menneskene, men innvendig er dere fulle av hykleri og urettferdighet (Matteus 23:27-28).

Av samme grunn, er det meningsløst for deg å ta på deg sminke eller de flotteste klærne hvis ditt hjerte er fyllt med sjalusi, hat, og arroganse. Mer enn noe annet, vil Gud at vi skal omskjøre våre hjerter og kaste bort all ondskap. Forkynne, ta seg av kirkemedlemmer, og tjene kirken er alle viktige. Men de viktigste tingene er å elske Gud, spasere i lyset, og bli mer og mer lik Gud. Du burde bli hellig akkurat som Gud og du burde bli perfekt akkurat som Gud er perfekt.

På den ene siden, hvis du presenterer entusiasme overfor Gud som ikke virkelig kommer fra ditt hjerte og hele troen, kan det alltid utarte seg og ikke bli tilfredsstillende til Gud. På den annen side, hvis en omskjører hans/hennes hjerte for å kunne bli hellig og hel, personens hjerte vil utgi en aroma som er helt tilfredsstillende til Gud.

Samme hvor mye av Guds ord som du har lært og kjenner, det som er viktigere for deg er å sette tankene dine til å oppføre seg skikkelig og leve i forhold til ordet. Du burde alltid tenke på eksistensen av det skrekkelige helvete, renvaske ditt hjerte, og når Herren Jesus kommer tilbake, vil du bli en av de første til å omfavne Ham.

Paulus' 1. brev til Korintierne 2:12-14 forteller oss, *"Men vi*

Helvete

har ikke fått verdens ånd, vi har fått den ånd som er av Gud, forat vi skal kjenne det som er gitt oss av Gud, det som vi også taler om, ikke med ord som menneskelig visdom lærer, men med ord som Ånden lærer, idet vi tolker åndelige ting med åndelige ord. Men et naturlig menneske tar ikke imot det som hører Guds Ånd til; for det er ham en dårskap, og han kan ikke kjenne det, for det dømmes åndelig."

Uten arbeidet og hjelpen fra den Hellige Ånd som er åpenbart til oss av Gud, hvordan kan noen i den kjødelige verden prate om åndelige ting og forstå dem?

Selve Gud har røpet dette vitne til oss om helvete og derfor, er alle delene av den sann. Straffene i helvete er så forferdelig at istedenfor å vise hver eneste detalje, har jeg bare skrevet om et par tilfeller av tortur. Du må også huske på at blandt mange mennesker som hadde falt inn i det Lavere Dødsrike er de som en gang hadde vært trofaste og lojale til Gud.

Hvis du ikke har de riktige kvalifikasjonene, det vil si, hvis du stopper med å be og omskjærer ditt hjerte, vil du nesten helt sikkert bli fristet av Satan til å motarbeide Gud og vil til slutt bli kastet inn i helvete.

Jeg ber i Herrens navn at du vil få fatt på hvor redselsfullt og miserabelt et sted helvete er, streve etter å frelse så mange sjeler som mulig, be ivrig, forkynne evangeliet flittig, og alltid undersøke deg selv for å kunne nå hele frelsen.

7. kapittel

Frelse under den Store Prøvelsen

1. Kristus Ankomst og Bortføringen
2. De Syv Årene med Store Prøvelser
3. Martyrdøden Under den Store Prøvelsen
4. Kristus Annen Ankomst og Århundre
5. Forberede Seg Til å Bli Herrens Vakre Brud

"Og dette evangelium om riket skal forkynnes
over hele jorderike til et vitnesbyrd for alle folkeslag,
og da skal enden komme."
- Matteus 24:14 -

"Og atter en tredje engel fulgte efter dem og sa med høy røst:
Dersom noen tilbeder dyret og dets bilde og tar merket på sin panne
eller i sin hånd, da skal også han drikke av Guds vredes-vin,
som er skjenket ublandet i hans harmes beger,
og han skal pines med ild og svovel for de hellige englers og for
Lammets øyne. Og røken av deres pine stiger opp i all evighet,
og de har ikke hvile dag eller natt de som tilbeder dyret og dets bilde,
og hver den som tar dets navns merke."
- Åpenbaringen 14:9-11 -

Frelse under den Store Prøvelsen

Når vi ser nøye på tilgangen av dagens historie eller forutsigelsene i Bibelen, innser vi at tiden er moden for og er nærmere Herrens tilbakekomst. I løpet av de siste årene, har det vært mangfoldige jordskjelv og overflømmelser som har en målestokk som bare passer sammen hvert hundre år.

I tillegg har hyppige store skogbranner, orkaner, og tyfoner lagt igjen veier med ødeleggelse og enormt mange skadede. I Afrika og Asia, led mange mennesker og døde av sult på grunn av de lange tørkene. Mye av verden har vært vitne til og erfart unormale værforhold forårsaket av uttynningen av ozonlaget, "El Niño," "La Niña," og mange andre.

Det virker som om det heller ikke er noen ende på krigene og konflikter blandt landene, terrorist handlingene, og andre typer brutalitet. Grusomheter utenfor menneskenes morale prinsipper har blitt til en hverdagslig begivenhet og blitt vist gjennom massemedier.

Slike fenomen var allerede profetert av Jesus Kristus for to årtusener siden, når Han svarte på Hans disiplers' spørsmål, *"Når skal dette skje? og hva skal tegnet være på ditt komme og på verdens ende?"* (Matteus' evangeliet 24:3)

For eksempel, hvor sanne er de følgende versene i dag?

"For folk skal reise seg mot folk, og rike mot rike, og det skal være hunger og jordskjelv både her og der. Men alt dette er begynnelsen til veene" (Matteus 24:7-8).

Derfor, hvis du har en sann tro, burde du vite at dagen for Jesus tilbakekomst er veldig nærme og holder vakt akkurat som de fem kloke jomfruene (Matteus 25:1-13). Du burde aldri bli sviktet som de andre fem jomfruene som ikke gjorde istand nok olje for lampene deres.

1. Kristus Ankomst og Bortføringen

Rundt to tusen år tilbake døde vår Herre Jesus på korset, oppsto igjen den tredje dagen fra de døde, og steg opp til himmelen foran mange mennesker. Apostelens gjerninger 1:11 forteller oss at *"Denne Jesus som er opptatt fra dere til himmelen, skal komme igjen på samme måte som dere så ham fare opp til himmelen."*

Jesus vil vende tilbake til skyene

Jesus Kristus har åpnet veien til frelse, gått inn til hmmelrike, har sittet på Guds høyre hånd, og forbereder steder for oss. Ved Guds valg og når vårt sted i himmelen er ferdig, vil Jesus komme tilbake til oss akkurat som han profeterte i Johannes' evangeliet 14:3, *"Og når Jeg har gått bort og forberedt deres sted, kommer Jeg igjen og vil ta dere til Meg, forat også dere skal være der Jeg er."*

Hva vil Jesus tilbakekomst se ut som?

Frelse under den Store Prøvelsen

Paulus 1. brev til Tessalonikerne 4:16-17 beskriver en scene hvor Jesus kommer ned fra himmelen med mangfoldige himmelske verter og engler, sammen med de døde i Kristus.

For Herren selv skal komme ned fra himmelen med et bydende rop, med overengels røst og med Guds basun, og de døde i Kristus skal først oppstå. Deretter skal vi som lever, som blir til, sammen med dem rykkes i skyer opp i luften for å møte Herren, og så skal vi alltid være med Herren.

Hvor vidunderlig ville det ikke være for Jesus Kristus å komme tilbake omringet og bevoktet av mange himmelske verter og engler i skyene! Akkurat da vil alle menneskene som er frelst av troen bli fanget opp i luften og delta i den Syv år lange Bryllupsmiddagen.

De som allerede er døde men frelset av Kristus vil først gå opp og bli fanget opp i luften, fulgt av de som fremdeles er i live når Jesus kommer tilbake og som har kropper som vil bli transformert til en udødelige kropp.

Bortføringen og den Syv år lange Bryllupsmiddagen

"Bortføringen" er en begivenhet hvor de troende vil bli løftet opp i luften. Hvor er så "luften" pratet om i Paulus' 1. brev til Tessalonikerne 4?

Ifølge Paulus' brev til Efeserne 2:2, som sier at *"som dere fordum vandret i etter denne verdens løp, etter høvdingen over*

171

Helvete

luftens makter, den ånd som nå er virksom i vantroens barn," "luften" refererer her til stedet hvor den onde ånden har autoritet. Men dette stedet for den onde ånden indikerer ikke stedet til den Syv år lange Bryllupsmiddagen. Gud vår Fader forberedte dette spesielle stedet for Festmiddagen. Grunnen til at Bibelen kaller det forberedte stedet "luft" er på grunn av at det ligger på det samme stedet som den onde ånden.

Når du usikkert ser opp til himmelen, kan det være vanskelig for deg å forstå hvor "luften" – hvor vi møter Jesus og hvor den Syv år lange Bryllupsmiddagen vil bli holdt – i det hele tatt er. Svar på slike spørsmål blir funnet i "Foredrag om den første Mosebok" serien og den to-delte Himmelrike serien. Vennligst referer til de budskapene fordi det er viktig at du riktig forstår den åndelige verden og tror på Bibelen som den er.

Kan du innbille deg hvor lykkelig alle de som tror på Jesus, som har forberedt dem selv som Hans brud, er når de til slutt møter deres ektemann og er med på bryllupsmiddagen som vil vare i syv år?

'La oss glede og fryde oss og gi ham æren! For Lammets bryllup er kommet, og Hans brud har gjort seg rede.' Det er henne gitt å kle seg i rent og skinnende fint lin. For det fine lin er de helliges rettferdige gjerninger. Og han sier til meg: 'Skriv: Salige er de som er innbudt til Lammets bryllupsnattverd!' Og han sier til meg: 'Dette er Guds sanne ord' (Johannes' Åpenbaring 19:7-9).

Frelse under den Store Prøvelsen

På den ene siden, de troende som har blitt løftet opp i luften vil motta en belønning for å ha overvunnet verden. På den annen side, de som ikke har blitt løftet opp, vil lide av en utrolig omfattende sorg fra de onde åndene som hadde blitt drevet ut fra luften til jorden når Jesus kom tilbake.

2. De Syv Årene med Store Prøvelser

Når troende som har blitt frelst vil nyte bryllupsmiddagen i luften med Jesus Kristus i syv år deler gleden med Ham og planlegger deres lykkelige fremtid, vil alle de som blir igjen på jorden møte prøver til en utrolig utstrekning i sju år, og ubeskrivelige og redselsfulle ulykker vil skje med menneskene.

Verdens Krig og tegnet av udyret

I løpet av en atomkrig på verdensbane som venter på oss i fremtiden, 2. Verdens Krig, vil en tredjedel av alle trærne her på jorden bli brendt opp og en tredjedel av menneskeheten vil forsvinne. I løpet av den samme krigen, vil det være vanskelig å finne frisk luft og rent vann på grunn av forferdelig forurensing, og prisene på matvarer og nødvendige ting vil bli skyhøye.

Tegnet på udyret, "666," vil bli presentert og alle vil kunne motta det enten på hans/hennes høyre hånd eller på pannen. Hvis et individ nekter å motta tegnet, vil hans/hennes identitet ikke være garantert, og han/henne vil ikke kunne lage noen slags transaksjoner og selv kjøpe de mest nødvendige ting.

173

Helvete

> *Og det gjør at det blir gitt alle, små og store, rike og fattige, frie og træler, et merke i deres høyre hånd eller på deres panne, og at ingen kan kjøpe eller selge uten den som har merket, dyrets navn eller tallet for dets navn. Her er visdommen. Den som har forstand, han regner ut dyrets tall! For det er et menneskes tall, og dets tall er seks hundre og seks og seksti* (Johannes' Åpenbaring 13:16-18).

Blandt de som er igjen etter Jesus' Advent og Bortføringen, er mennesker som har hørt om evangeliet eller som går i kirken, og som nå husker Guds ord.

Det er de som bevisst forlater deres tro, og andre som trodde at de trodde på Gud, men som fremdeles blir forlatt. Hvis disse hadde trodd på Bibelen helhjertet, ville de ha levd gode liv med Kristus.

Men istedenfor var de alltid lunkne og sa til seg selv, "Jeg vil finne ut av om himmelrike og helvete eksisterer etter jeg dør," og hadde derfor ikke den troen som var nødvendig for frelse.

Straffer for mennesker som mottar udyrets merke

Slike mennesker innser at hvert eneste ord i Bibelen er sannheten bare etter at de har vært vitne til Bortføringen. De sørger og gråter bittert. Tatt av stor frykt, angrer de av å ikke ha levet ifølge Guds vilje og søker desperat etter en vei til frelse. Videre, siden de vet at ved å motta udyrets merke bare vil lede dem til helvete, gjør de alt de kan for å unngå å motta det. Selv på denne måten vil de prøve å gi bevis på deres tro.

Og atter en tredje engel fulgte etter dem og sa med høy røst: Dersom noen tilber dyret og dets billede og tar merke på sin panne eller i sin hånd, da skal også han drikke av Guds vredes-vin, som er skjenket ublandet i hans harmes beger, og han skal pines med ild og svovel for de hellige englers og for Lammets øyne. Og røyken av deres pine stiger opp i all evighet, og de har ikke hvile dag eller natt de som tilber dyret og dets billede, og hver den som tar dets navns merke. Her er de helliges tålmodighet, de som holder Guds bud og Jesu tro (Johannes' Åpenbaring 14:9-12).

Men det er ikke lett å nekte merket til udyret, spesielt i en verden hvor den onde ånden har fullstendig overtatt alt. Samtidig, vet også den onde ånden at disse menneskene vil motta frelse når de nekter å ta 666 merke og vil dø martyrens død. Derfor hverken kan eller vil den onde ånden gi opp lett.

I løpet av de tidligere dagene i den kristne kirken for to tusen år siden, dømte mange statsledere de kristne ved å korsfeste dem, kutte av hodene deres, eller forlate dem som løvenes bytte. Hvis en ble dømt og drept på denne måten, ville mangfoldige mennesker motta en hurtig død i løpet av den Syv år lange Store Prøvelsen. Men den onde ånden i løpet av denne syv år lange perioden vil ikke lage ting lettere for de menneskene som ble igjen. De onde åndene vil tvinge menneskene til å nekte Jesus på alle måter ved å mobilisere hvert eneste middel som de har mot

Helvete

menneskene. Dette betyr ikke at mennesker kan begå selvmord for å unngå tortur, fordi selvmord leder bare til helvete.

De som vil bli martyrer

Jeg har allerede fortalt om noen av de forferdelige tortur metodene som blir brukt av de onde åndene. I løpet av den Store Prøvelsen, vil tortur metoder utenfor din fantasi bli brukt fritt. Og dessuten, fordi torturen nesten er umulig å holde ut, mottar bare få mennesker egentlig frelse i løpet av denne perioden.

Derfor må vi alle bli åndelig våkne hele tiden og ha den slags tro som vil løfte oss opp i luften når tiden er inne for Kristus Advent.

Mens jeg ba, viste Gud meg et syn hvor menneskene som ble tilbake etter Bortføringen mottok all slags torturer. Jeg så at de fleste menneskene ikke tålte dem og ga til slutt etter for den onde ånden.

Torturen varierer fra å skrelle av huden til menneskene, brekke og knuse leddene deres, og til å kutte av deres fingre og tær og helle kokende olje over dem. Noen mennesker som kan motstå deres egen tortur klarer ikke å se på at deres eldre foreldre eller små barn lider og de vil også gi etter for det 666 merke.

Men det er fremdeles noen få rettferdige mennesker som overvinner alle fristelsene og torturene. Disse mennesker mottar frelse. Selv om det er en skamfull frelse og de kommer inn til Paradiset som tilhører himmelrike, er de bare glade og takknemlige for at de ikke falt inn i helvete.

Det er på grunn av dette at vi må spre budskapet om helvete

over hele verden. Selv om det virker som om mennesker ikke følger med nå, hvis de husker det under den Store Prøvelsen, vil det vise dem veien til frelse.

Noen mennesker sier at de vil dø en martyrs' død for å motta frelse hvis Bortføringen virkelig foregår og de blir forlatt. Men hvis de ikke kunne ha troen i løpet av denne fredelige tiden, hvordan kunne de muligens forsvare deres tro i midten av slike brutale torturer? Vi kan ikke engang forutsi hva som vil skje med oss i de neste ti minuttene. Hvis de dør selv før de har mottat en sjanse til å dø som en martyr, er det bare helvete som venter på dem.

3. Martyrdøden Under den Store Prøvelsen

For å hjelpe deg med å forstå torturen i den Store Prøvelsen lettere og tillate deg å bli åndelig våken slik at du kan unngå det, la meg forklare det videre med eksempelet til en sjel.

Siden kvinnen mottok Guds overflodige nåde, kunne hun se og høre store, ærede, og til og med hemmelige ting angående Gud. Men hennes hjerte var fylt med ondskap, og hun hadde veldig liten tro.

Med slike gaver ifra Gud, gjorde hun viktige gjerninger, holdt en viktig rolle med å utvide Guds kongerike, og ofte tilfredstilte Gud med hennes gjerninger. Det er lett for folk å forutsette, "De menneskene med viktige forpliktelser i kirken må være menn og kvinner med mye tro!"

Men dette er ikke nødvendigvis riktig. Fra Guds' perspektiv

Helvete

er det mange troende som har en tro som er alt annet enn "god." Gud måler ikke kjødelig tro, men åndelig tro.

Gud vil ha åndelig tro

La oss hurtig undersøke "åndelig tro" gjennom forholdet om leveringen av isralittene ut av Egypt. Isralittene var vitne til og erfarte Guds Ti Bud. De var vitne til splittelsen av Røde Havet og Farao og hans hær som druknet i den. De erfarte Guds ledelse gjennom søylene med skyer på dagen og søylene med ild på natten. Hver dag spiste de manna fra himmelen, hørte stemmen til Gud som satt i skyene, og så Hans arbeide med ilden. De drakk vannet fra stenen etter at Moses hadde rammet den, og så at det bitre vannet på Marah ble søtt. Selv om de flere ganger var vitne til arbeidene og tegnene til den levende Gud, var deres tro aldri tilfredsstillende eller akseptabel til Gud. De kunne derfor ikke på slutten komme inn til Det forjettede land i Canaan (4. Mosebok 20:12).

På den annen side, ens tro uten handling, samme hvor mye en kjenner Guds ord og har vært vitne til og hørt om Hans arbeide og mirakler, er ikke dette en sann tro. På den annen side, hvis vi får åndelig tro, vil vi ikke stoppe å lære om Guds ord; vi vil bli lydige mot ordet, omskjære våre hjerter, og unngå all slags ondskap. Om vi har "stor" eller "liten" tro kommer an på hvor lydige vi er overfor Guds ord, oppføre oss og lever i overensstemmelse med det, og ligner Guds hjerte.

Gjentatte arrogante ulydigheter

På denne siden hadde kvinnen liten tro. Hun prøvde å omskjære sitt hjerte en stund, men kunne ikke fullstendig forlate ondskapen. I tillegg, fordi hun var i en stilling til å forkynne Guds ord, ble hun bare mere arrogant. Kvinnen trodde at hun hadde en sann og mektig tro. Hun gikk så langt som å tenke at Guds vilje ikke kunne bli fullført eller utfylt uten hennes tilstedeværelse eller hjelp. Istedenfor å gi ære til Gud for hennes gave som hun hadde fått ifra Gud, ville hun stadig oftere selv ta æren. Hun brukte også Guds besittelse til hennes disposisjon for å kunne tilfredstille hennes syndige natur.

Hun fortsatte gjentatte ganger med å være ulydig. Selv om hun visste at det var Guds vilje for henne å dra østover, dro hun vestover. Måten Gud forlot Saulus, den første kongen fra Israel på grunn av hans ulydighet (Første Samuels-bok 15:22-23), selv om menneskene en gang ble brukt som Guds redskaper til å utfylle og utvide Guds kongerike, gjentatte ulydigheter vil bare egge Gud til å snu ansiktet sitt vekk fra dem.

Fordi kvinnen kjente budskapet, ble hun oppmerksom på hennes synder og angret gjentatte ganger. Men hennes angrende bønner var bare med hennes lepper, ikke fra hennes hjerte. Hun endte opp med å begå de samme syndene flere ganger, og dermed forhøye veggen av synder mellom Gud og henne selv.

Peters 2. brev 2:22 forteller oss, *"det er gått dem som det sanne ordspråk sier: 'Hunden vender seg om til sitt eget spy, og den vaskede velter seg så i søle.'"* Etter at hun hadde angret på hennes synder, begikk hun de samme syndene om igjen og om igjen. På slutten, fordi hun ble grepet i hennes egen arroganse, grådighet, og mangfoldige synder, snudde Gud Sitt ansikt fra henne og hun ble til slutt et knep for Satan for å motarbeide Gud.

Når den siste anledningen til å angre blir gitt

De som tar til motmæle, motarbeider, eller gudsbespotter den Hellige Ånd kan sjenerelt ikke bli tilgitt. De vil aldri mere motta en mulighet til å angre, og de vil ende opp i det Lavere Dødsrike.

Men fremdeles er det noe annerledes med denne kvinnen. Uansett alle syndene og ondskapene som forstyrrer Gud igjen og igjen, har Han fremdeles etterlatt en siste mulighet for henne til å angre. Dette er på grunn av at kvinnen en gang var Guds uvurderlige plan for Hans kongerike. Selv om kvinnen forlot hennes forpliktelse og løfte om himmelens ære og belønninger, fordi hun virkelig hadde tilfredsstillt Gud, gir Han henne en siste sjanse.

Hun motsa fremdeles Gud, og den Hellige Ånden inne i henne hadde utdødd.Men gjennom Guds spesielle nåde, har kvinnen en siste sjanse til å angre og motta frelse i løpet av den Store Prøvelsen gjennom martyrdød.

Hennes tanker er fremdeles fanget under Satans kontroll, men etter Begeistringen, vil hun komme til fornuft. Fordi hun kjenner Guds ord så godt, kjenner hun også godt til den kommende veien. Etter at hun har insett at den eneste veien til

Frelse under den Store Prøvelsen

frelse er martyrdød, vil hun angre grundig, samle seg rundt de kristne som er igjen, holde andakt, ære, og be med dem idet hun forbereder seg for hennes martyrdød.

Martyrens død og skamfull frelse

Når tiden kommer, vil hun nekte å motta det 666 merke og vil deretter bli tatt vekk for å bli torturert av de som er kontrollert av Satan. De skreller av hennes hud lag etter lag. De til og med svir de mykeste og mest private kroppsdelene hennes med ild. De vil finne opp en metode for hennes torment til å bli mest smertefull og for å vare lengst. Snart blir rommet fyllt med lukten av brennende hud. Hennes kropp er smørt med blod fra topp til tå, hennes hode er slått ned, og hennes ansikt får en svak mørkeblå farve, og ligner et lik.

Hvis hun kan tåle denne torturen helt til slutten, uansett hennes mange synder og ondskap fra fortiden, vil hun minst motta den skamfulle frelse og komme inn til Paradiset. I Paradiset, på utsiden av himmelrike og lengst vekk fra Guds Trone, vil kvinnen jamre seg og gråte på grunn av hennes gjerninger her i livet. Selvfølgelig vil hun bli takknemlig og lykkelig for å ha blitt frelst. Men for mange år fremover vil hun angre og lengte etter det nye Jerusalem, og si, "Hvis jeg bare hadde forlatt ondskapen og utført Guds gjerninger helhjertet, ville jeg bli i det mest ærede stedet innenfor det nye Jerusalem..." Når hun ser mennesker som hun kjente her i livet og som lever i det nye Jerusalem, vil hun alltid føle seg skamfull og flau.

Hvis hun mottok det 666 merke

Hvis hun ikke tåler torturen og mottar merke til udyret, før millennium, vil hun bli kastet inn i det Lavere Dødsrike og straffet ved å bi korsfestet på et kors på den høyre siden av Judas Iskariot. Hennes straffer i det Lavere Dødsrike er gjentagelse av torturen som hun mottak i løpet av den Store Prøven. Over tusen år, vil huden på kroppen hennes bli skrellet av og skjært med ild flere ganger.

Budbringerne fra helvete og alle de som var onde ved å forfølge henne vil torturere kvinnen. De blir også straffet ifølge deres onde gjerninger og utløste deres smerter og sinne på henne.

De er starffet på denne måten i det Lavere Dødsrike helt til slutten av millenium. Etter Dommen vil disse sjelene gå til helvete mens de brenner av ild og svovel, hvor det bare venter dem verre straffer.

4. Kristus Annen Ankomst og Århundre

Som det ble omtalt ovenfor, Jesus Kristus kommer tilbake i luften og de som blir tatt opp vil nyte syv års bryllupsfest med Ham, mens den Store Prøvelsen begynner med de onde åndene som har blitt drevet ut fra luften.

Da kommer Jesus Kristus tilbake til jorden og millenium begynner. De onde åndene er stengt inne i Abyssen så lenge dette varte. De som var med på den Syv-år lange Bryllupsmiddagen og de som døde som martyrer i løpet av denne Store Prøvelsen styrer jorden og deler kjærligheten med Jesus Kristus i tusen år.

Salig og hellig er den som har del i de første oppstandelse; over dem har den annen død ikke makt, men de skal være Guds og Kristi prester og regjere med Ham i tusen år (Johannes' Åpenbaring 20:6).

Veldig få kjødelige mennesker som overlevde den Store Prøvelsen vil også leve på jorden under denne millenium. Men de som allerede har dødd uten å motta frelse vil fortsette med å bli straffet i det Lavere Dødsrike.

Millenium Kongerike

Når millennium kommer vil mennesker nyte et fredelig liv akkurat som dagene i Edens have, fordi det ikke finnes noen ond ånd. Jesus Kristus og de frelsede, åndelige menneskene lever i en by som ligner slott med konger som er separert fra de kjødelige menneskene. Åndelige mennesker lever i byen og kjødelige mennesker som overlevde den Store Prøvelsen lever på utsiden av byen.

Før Millenium renser Jesus Kristus jorden. Han renser den forurensede luften, og fornyer trærne, plantene, fjellene, og bekkene. Han skaper et vakkert miljø.

De kjødelige menneskene strever etter å føde så ofte og så mange ganger som mulig fordi det ikke er mange igjen av dem. Ren luft og fraværet av den onde ånden etterlater ikke noe plass

Helvete

for sykdom og ondskap. Urettferdighet og ondskap i hjertet til de kjødelige menneskene blir ikke røpet akkurat da fordi den onde ånden som utstråler ondskap er innestengt i Abyssen. Akkurat som dagene før Noah, vil folk leve i hundrevis av år. Jorden er snart fyllt med mangfoldige mennesker i tusen år. Mennesker spiser ikke kjøtt men frukt på grunn av at det er ikke noen som helst ødeleggelse av liv.

Det vil også ta mye tid for dem å nå nivået av dagens vitenskapelige forfremmelse fordi mye av sivilisasjonen ville ha vært ødelagt i krigene under den Store Prøvelsen. Ettersom tiden går, vil nivået av deres sivilisasjon nå dagens nivå ettersom de øker deres lærdom og kunnskap.

Åndelige mennesker og kjødelige mennesker bor sammen

Det er ikke nødvendig for åndelige mennesker som bor sammen med Jesus Kristus her på jorden å spise på samme måten som de kjødelige menneskene, fordi kroppene til den forhenværende gruppen har allerede blitt transformert til gjenopplivede, åndelige kropper. De forbruker vanligvis duften av blomster og lignende, men hvis de gjerne vil, kan de ha den samme maten som de kjødelige menneskene.Men åndelige mennesker nyter ikke fysisk mat og selv om de spiser det, utskiller de ikke avfallet som de kjødelige menneskene gjør. Akkurat som den oppståtte Jesus pustet etter at han hadde hatt et fiskestykke, blir maten som de åndelige menneskene fortærer brytet ned i luften gjennom pusten.

De åndelige menneskene også forkynner og vitner om Jesus Kristus til de kjødelige menneskene, slik at de på slutten av millenium når den onde ånden blir kortvarig løslatt fra Abyssen, vil de kjødelige menneskene ikke bli narret. Tiden er før Dommen, slik at Gud ikke ennå har stengt de onde åndene permanent i Abyssen, men bare for tusen år (Johannes' Åpenbaring 20:3).

På slutten av millenium

Når millennium slutter, blir den onde ånden som har vært stengt inne i Abyssen i tusen år løslatt i en kort periode. De begynner å narre og lure de kjødelige menneskene som har levet fredfullt. De fleste kjødelige mennesker blir narret og villedet samme hvor mye de åndelige menneskene har lært dem det motsatte. Selv om de åndelige menneskene har blitt advart i detaljer om tingene som kommer, er de kjødelige menneskene likevel narret og planlegger å møte og føre krig mot de åndelige menneskene.

Og når de tusen år er til ende, skal Satan løses av sitt fengsel. Og han skal gå ut for å forføre de folk som bor ved jordens fire hjørner, Gog og Magog, for å samle dem til strid, og deres tall er som havets sand. Og de dro opp over den vide jord og kringsatte de helliges leir og den elskede stad. Og ild falt ned fra himmelen og fortærte dem (Johannes' Åpenbaring 20:7-9).

Men Gud vil bruke ild til å ødelegge de menneskene som

Helvete

førte krig, og vil kaste den onde ånden som var kortvarig løslatt tilbake inn i Abyssen etter Dommen av den Store Hvite Tronen.

På slutten vil de kjødelige menneskene som øker i antall i løpet av millenium også bli dømt ifølge Guds rettferdighet. På den ene side er alle menneskene som ikke mottok frelse – blandt dem er de som har overlevd den Syv år lange Store Prøvelsen – kastet inn i helvete. På den annen side, de som har motatt frelse vil komme inn til himmelrike, og ifølge deres tro, vil bo i forskjellige steder innenfor himmelrike, dvs. det nye Jerusalem, Paradiset, o.s.v.

Etter Dommen av den Store Hvite Tronen, blir den åndelige verden delt inn i himmelrike og helvete. Jeg forklare mere om dette i det neste kapittelet.

5. Forberede Seg Til å Bli Herrens Vakre Brud

For å unngå å bli igjen til den Store Prøvelsen, må du forberede deg selv som en av Jesus Kristus vakre bruder og ønske Ham velkommen på Hans Advent.

Matteus' evangeliet 25:1-13 er likheten med de ti jomfruene, som fungerer som en stor leksjon for alle de troende. Selv om du erklærer din tro på Gud, kan du ikke ønske din brudegom Jesus Kristus velkommen hvis du ikke har nok olje for din lampe. Fem jomfruer forberedte oljen deres slik at de kunne hilse på deres brudgom og komme inn til bryllupsfesten. De andre fem jomfruene gjorde ikke istand noen olje og kunne ikke komme inn til festmiddagen.

Hvordan kan vi så forberede oss selv som de fem kloke jomfruene, bli en av Herrens bruder, og unngå å falle inn i den Store Prøvelsen og istedenfor ta del i Bryllups Festmiddagen?

Be ivrig og hold deg på vakt

Selv om du er en ny troende og har dårlig tro, så lenge du gjør ditt beste for å omskjære ditt hjerte, vil Gud holde deg trygg selv midt i de verste prøvene. Samme hvor vanskelig omstendighetene er, vil Gud omfavne deg med livets teppe og la deg overvinne alle prøvelsene med letthet.

Men, Gud kan ikke beskytte selv de som har vært troende i lang tid, har utført pliktene som Gud ga dem, og kjenner mye til Guds ord, hvis de stopper med deres bønner, stopper å beundre renhet, og stopper med å omskjære deres hjerter.

Når du møter vanskeligheter, må du kunne kjenne igjen stemmen til den Hellige Ånd for å overvinne dem. Men hvis du ikke ber, hvordan ville du høre Den Hellige Ånds stemme og leve et seirende liv? Siden du ikke er fullstendig fyllt med den Hellige Ånd, vil du stadig oftere være avhengig av dine egne tanker og snuble flere ganger, lokket av Satan.

Siden vi nå nærmer oss tidens slutt, vil de onde åndene strife rundt omkring som brølende løver på jakt etter noen å fortære, for de vet at også deres slutt er nære ved. Vi ser ofte en lat student som pugger leksene og mister hans/hennes søvn i to dager før eksamen. På samme måte, hvis du er en troende som er klar over at vi lever i dagene som fører til tidens ende, må du holde deg på vakt og gjøre deg klar til en vakker brud for Herren.

Forlat ondskapen og bli lik Herren

Hva slags mennesker holder seg selv på vakt? De ber alltid, er alltid fulle av den Hellige Ånd, tror på Guds ord, og lever ifølge Hans ord.

Når du holder deg på vakt hele tiden, kan du alltid kommunisere med Gud slik at du ikke vil bli lokket av den onde ånden. I tillegg kan du lett overvinne alle prøvelser på grunn av at den Hellige Ånd gjør deg på forskudd oppmerksom på ting som vil komme, leder deg, og tillater deg å innse sannhetens ord.

Men de som ikke holder seg på vakt kan ikke høre stemmen til den Hellige Ånden så de er veldig lett narret av Satan, og går mot døden. Å holde seg på vakt er å omskjære sitt hjerte, oppføre seg skikkelig og leve i forhold til Guds ord, og bli hellige.

Johannes' Åpenbaring 22:14 forteller oss at *"Salige er de som tvetter sine kjortler, så de må få rett til livsens tre og gjennom portene komme inn i staden."* I dette sitatet, "kapper" refererer til et formelt antrekk. Åndelig, "kapper" refererer til ditt hjerte og din oppførsel. Å "vaske deres kapper" betyr å kaste vekk ondskapen og følge Guds ord til å bli åndelig og til å bli mer og mer lik Jesus Kristus. De som er frelset på denne måten tjener rettigheten til å komme gjennom portene til himmelen og nyte det evige liv.

Mennesker som vasker deres kapper i troen

Hvordan kan vi grundig vaske våres kapper? Du må først omskjære ditt hjerte med sannhetens ord og ivrige bønner. Du kan med andre ord kaste vekk alle løgnene og ondskapen fra ditt hjerte og bare fylle det med sannheten. Akkurat som du vasker møkk fra dine klær i rent vann, burde du vaske vekk skitne synder, ulovlige ting, og ondskapen i ditt hjerte med Guds ord, livets vann, og ta på deg sannhetens kappe og bli lik Jesus Kristus hjerte. Gud vil velsigne alle som har vist tro i gjerningene og som har omskjært hans/hennes hjerte.

Johannes' Åpenbaring 3:5 forteller oss, *"Den som seirer, han skal således bli kledd i hvite klær, og jeg vil ikke utslette hans navn fra livsens bok, og jeg vil kjennes ved hans navn for min Fader og for Hans engler."* Mennesker som overvinner verdenen med troen og som følger sannheten vil nyte det evige liv i himmelrike på grunn av at de har sannhetens hjerte og ingen ondskap kan bli funnet i dem.

Istedenfor vil menneskene som bor i mørket ikke ha noe med Gud å gjøre samme hvor lenge de har vært kristne, for de vil helt sikkert ha et navn, selv om de er døde (Johannes' Åpenbaring 3:1). Derfor burde du alltid sette ditt håp bare i Gud som ikke dømmer oss på grunn av vårt utseende men bare undrsøker våre hjerter og gjerninger. Også, be alltid og adlyd Guds ord slik at du kan nå den perfekte frelse.

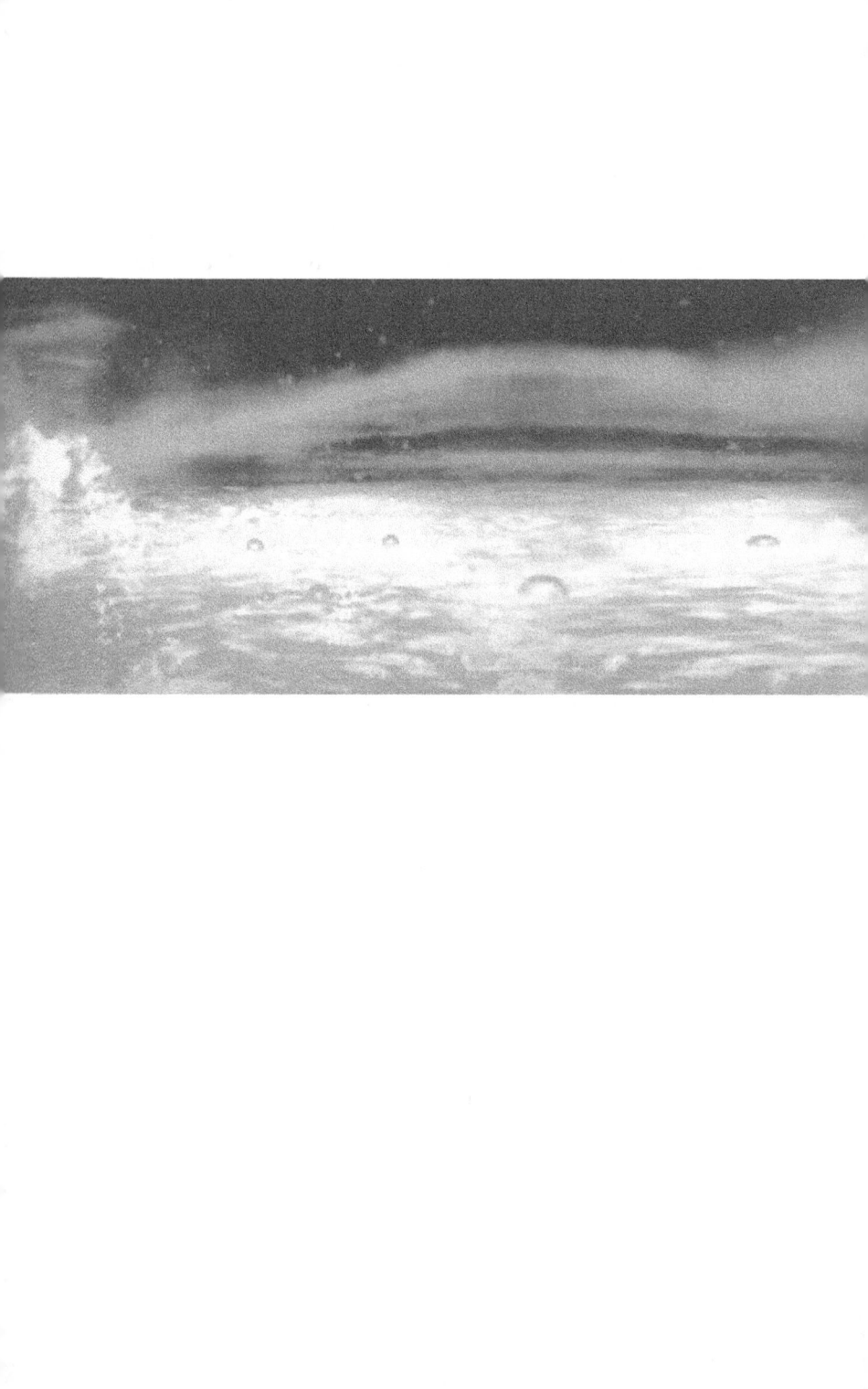

8. kapittel

Straffelsene i Helvete etter den Store Dommen

1. Ufrelsede Sjeler som Faller Inn i Helvete Etter Dommen
2. Tjernet med Ilden & Tjernet med den Brennende Svovelen
3. Noen Forblir i det Lavere Dødsriket Selv Etter Dommen
4. Onde Ånder Skal Bli Begrenset til Abyssen
5. Hvor Vil Djevelen Havne?

*"[I helvete] vil deres ormer ikke dø,
og ilden blir ikke slukket.
For enhver skal saltes med ild,
og ethvert offer skal saltes med salt."*
- Markus 9:48-49 -

*"Og djevelen, som hadde forført dem,
ble kastet i sjøen med ild og svovel,
hvor dyret og den falske profet var,
og de skal pines dag og natt i all evighet."*
- Åpenbaringen 20:10 -

Med Kristus Advent begynner millenium her på jorden og etter dette Dommen til den Store Hvite Tronen vil komme senere. Dommen – som vil avgjøre himmelrike eller helvete, og belønninger eller straffer – vil dømme alle ifølge hva han/henne har gjort her i dette livet. På denne måten vil noen nyte lykken i himmelrike og andre vil bli straffet i helvete. La oss forske litt om Dommen til den Store Hvite Tronen, hvor himmelrike eller helvete er avgjort, og hva slags sted helvete er.

1. Ufrelsede Sjeler som Faller Inn i Helvete Etter Dommen

I juli 1982, mens jeg i begynnelsen ba i forberedelse for min prestetjeneste, ble jeg kjent med Dommen til den Store hvite Tronen i detaljer. Gud viste meg en scene hvor Han satt i Hans Trone, Herren Jesus Kristus og Moses stod foran Tronen, og de som spilte rollen som jury. Selv om Gud dømmer med sikkerhet og rettferdighet som ikke kan bli sammenlignet med noen av dommerne her i verden, vil Han lage avgjørelser med Jesus Kristus som en kjærlig advokat, Moses som en anklager for Loven, og menneskene som jurymedlemmer.

Straffene i helvete er avgjort ved Dommen

Johannes' Åpenbaring 20:11-15 forteller oss hvordan Gud dømmer med sikkerhet og rettferdighet. Dommen er gjennomført med Livets Bok hvor navnene til de frelsede er

Helvete

nedskrevet og boken hvor hvert eneste av menneskenes gjerninger er nedskrevet.

Og jeg så en stor hvit trone, og ham som satt på den; og for hans åsyn vek jorden og himmelen bort, og det ble ikke funnet sted for dem. Og jeg så de døde, små og store, stå for Gud, og bøker ble åpnet; og en annen bok ble åpnet, som er livsens bok; og de døde ble dømt etter det som var skrevet i bøkene, etter sine gjerninger. Og havet ga tilbake de som var i det, og døden og dødsriket ga tilbake de døde som var i dem; og de ble dømt, enhver etter sine gjerninger. Og døden og dødsriket ble kastet i ildsjøen. Dette er den annen død: ildsjøen. Og hvis noen ikke fantes oppskrevet i livets bok, da ble han kastet i ildsjøen.

"De døde" refererer her til alle de som ikke har akseptert Kristus som deres Frelser eller som har livløs tro. Når tiden med Guds valg ankommer, oppstår "de døde" og står foran Tronen til Gud for å bli dømt. Livets Bok er åpnet foran Tronen til Gud.

Utenom Livets Bok, hvor alle navnene til de frelsede menneskene er skrevet ned, er det andre bøker hvor alle gjerningene til de døde har blitt skrevet ned. Englene skriver ned alt hva vi gjør, sier, og tenker, dvs. forbanne andre, slå noen, få et raserianfall, gjøre gode gjerninger, o.s.v. Likeledes som du kan beholde klare protokoller om visse begivenheter og samtaler lenge med et video kamera eller forskjellige innspillingsapparater, vil også Gud den Allmektige beholde hver

Straffelsene i Helvete etter den Store Dommen

eneste scene av ens liv her på jorden. Gud vil derfor dømme med rettferdighet på Dommedagen ifølge de offisielle opptegnelsen i disse bøkene. De som ikke har blitt frelst vil bli dømt ifølge deres onde gjerninger, og vil motta forskjellige slags straffer ifølge alvoret av syndene deres, i all evighet i helvete.

Tjernet med ilden eller den brennende svovelen

Delen "havet ga tilbake de døde som var inne i den" betyr ikke at havet ga tilbake de som hadde druknet i den. "Havet" refererer her åndelig til verden. Det betyr at de som bodde i verden og ble til støv vil oppstå for å bli dømt foran Gud.

Hva betyr det så når man sier, "Døden og Dødsrike oppga de døde som de hadde?" Det betyr at de som har blitt plaget i det Lavere Dødsrike vil også oppstå og stå foran Gud for å bli dømt. Etter å ha blitt dømt av Gud, de fleste av de som har blitt plaget i det Lavere Dødsrike vil bli kastet inn i tjernet med ilden eller den brennende svovelen ifølge hvor alvorlig deres synd er. Som vi nevnte ovenfor, straffen i det Lavere Dødsrike er gitt helt til Dommen av den Store Hvite Tronene inntreffer.

Men de redde og vantro og vederstyggelige og manndraperne og horkarlene og trollmennene og avgudsdyrkerne og alle løgnerne, deres del skal være i sjøen som brenner med ild og svovel; det er den annen død (Johannes' Åpenbaring 21:8).

Helvete

Straffene i tjernet med ilden kan ikke på noen måte bli sammenlignet med de i det Lavere Dødsrike. Det er beskrevet i Markus' evangeliet 9:47-49, *"Og om ditt øye frister deg, da riv det ut! Det er bedre at du går enøyet inn i Guds rike en at du har to øyne og kastes i helvete, hvor deres orm ikke dør, og ilden ikke slukkes. For alle vil bli saltet med ilden."* Dessuten er tjernet med den brennende svovelen sju ganger varmere enn tjernet med ilden.

Før Dommen, er menneskene revet istykker av insekter og udyr, torturert av budbringerene fra helvete, eller lider av forskjellige straffer i det Lavere Dødsrike som tjener som et ventested på vei til helvete. Etter Dommen vil bare lidelsene fra tjernet med ilden og den brennende svovelen være igjen.

Dødskamp i tjernet med ilden eller den brennende svovelen

Når jeg leverte budskapene om disse skrekkelige synene fra det Lavere Dødsrike, hadde mange av mine kirkemedlemmer vanskeligheter med å holde tilbake tårene eller skalv jamrende for de som var på et slikt forferdelig sted. Men lidelsene fra straffene i tjernet med ilden eller tjernet med den brennende svovelen er mye mere grusomt enn straffene i det Lavere Dødsrike. Kan du i det hele tatt innbille deg omfatningen av denne torturen bare litt? Selv om vi prøver er det grenser for oss som fremdeles er kjødelige å forstå de åndelige prinsippene.

Samtidig, hvordan kan vi under noen omstendigheter på det fulleste forstå æren og skjønnheten med himmelrike? Selve ordet "evighet" er ikke noe som vi er fortrolige med og vi blir tvunget til å bare gjette oss til det. Selv om vi prøver å innbille oss hvordan livet i himmelrike er basert på "lykke," "glede," "henrykkelse," "skjønnhet," og lignende, er det ikke sammenlignet med det virkelige livet som vi en dag vil ha i himmelrike. Når du virkelig går til himmelrike, ser alt med dine egne øyne, og erfarer livet, vil din kjake falle på bakken og du vil bli målløs. På samme måte, hvis vi ikke erfarer helvetes tortur, kan vi aldri fullstendig få tak i betydningen og hvor mye lidelse som holder seg utenfor grensen her på jorden.

De som faller inn i tjernet med ilden eller den brennende svovelen

Selv om jeg prøver mitt beste, må dere være så snille og tenke på at helvete ikke er et sted som riktig kan bli beskrevet med verdslige ord, og selv om jeg forklarer så godt jeg kan, vil min beskrivelse utgjøre mindre enn en milliondel av helvetes grusomme virkelighet. Videre, når de husker at lengden av torturen ikke er begrenset, men varer i all evighet, blir de fordømte sjelene truet til å lide mere.

Etter Dommen av den Store Hvite Tronen, vil de som mottok det første og det andre nivået med straff i det Lavere Dødsrike bli kastet inn i tjernet med ilden. De som mottok det tredje og det fjerde nivået av straffene vil bli kastet inn i tjernet med den brennende svovelen. Sjelene som for tiden oppholder seg i det Lavere Dødsrike vet at Dommen vil fremdeles komme, og de vet hvor de vil bli etter Dommen. Selv når de blir revet

Helvete

istykker av insekter og budbringerne fra helvete, kan disse sjelene se tjernet med ilden og den brennende svovelen i helvete i det fjerne og vet veldig godt at de vil bli straffet der.

Derfor lider sjelene i det Lavere Dødsrike ikke bare fra deres nåværende smerter, men også en psykisk lidelse av frykt om hva som ville skje etter Dommen.

En jamrende klage fra en sjel i det Lavere Dødsrike

Mens jeg ba for åpenbaringen av helvete, tillot Gud meg å høre gjennom den Hellige Ånd en jamrende klage fra en sjel i det Lavere Dødsrike. Når jeg skriver om alle ordene i denne klagen, prøver jeg å føle litt av frykten og fortvilelsen som har oppslukt denne sjelen.

Hvordan kan dette bli et avbilde av et menneske?
Det er ikke slik jeg så ut i løpet av mitt liv her på Jorden.
Mitt utseende her er skremmende og motbydelig!

I denne endeløse smerten og fortvilelsen,
hvordan kan jeg bli satt fri?
Hva kan jeg gjøre for å rømme fra dette?
Kan jeg dø? Hva kan jeg gjøre?
Kan jeg hvile meg bare for en liten stund
midt i denne evige straffen?
Kan jeg på noen måte forkorte dette forbannede livet
fra denne uutholdelige smerten?

Straffelsene i Helvete etter den Store Dommen

Jeg såret min kropp for å drepe meg selv, men jeg kan ikke dø.
Det er ingen ende...det er bare ikke noen ende...
Det er ikke noen ende på torturen av min sjel.
Det er ikke noen ende på mitt langvarige liv.
Hvordan kan jeg beskrive dette med ord?
Snart vil jeg bli kastet
inn i et bredt og bunnløst tjern med ild.
Hvordan kan jeg holde det ut?

Torturen her er uutholdelig som det er!
Det rasende tjernet med ilden er
så redselsfullt, så dyp, og så varm.
Hvordan kan jeg holde det ut?
Hvordan kan jeg rømme fra den?
Hvordan kan jeg på noen måte rømme fra denne torturen?

Hvis jeg bare kunne leve...
Hvis det bare var en måte jeg kunne leve på...
Hvis jeg bare kunne bli frelst...
Jeg kunne i det minste se etter en utvei,
men jeg kan ikke se det.

Det er bare mørket, fortvilelse, og smerte her,
og det er bare skuffelse og motgang for meg.
Hvordan kan jeg holde ut denne torturen?
Om Han bare kunne åpne livets dør...
Om jeg bare kunne finne en utvei ut av dette...

Vær så snill og redd meg. Vær så snill og redd meg.
Det er altfor redselsfult og vanskelig for meg å tåle.
Vær så snill og redd meg. Vær så snill og redd meg.
Hittil har mine dager vært smertefulle og sårende.
Hvordan kan jeg gå inn i dette glødende tjernet?
Vær så snill og redd meg!
Vær så snill og se på meg!
Vær så snill og redd meg!
Vær så snill og ha medlidenhet med meg!
Vær så snill og redd meg!
Vær så snill og redd meg!

Når du blir kastet inn i det Lavere Dødsrike

Etter slutten av livet her på jorden, vil ingen motta "en annen sjanse." Bare byrden av alle dine gjerningene venter på deg.

Når menneskene hører om oppståelsen av himmelen og helvete, vil noen si, "Jeg finner ut etter at jeg dør." Men etter at du er død er det for sent. Siden du ikke kan komme tilbake etter at du dør, må du vite dette med sikkerhet før du dør.

Så fort du blir kastet inn i det Lavere Dødsrike, samme hvor mye du angrer, beklager deg, og bønnfaller Gud, kan du ikke unngå de unngåelige og forferdelige straffene. Det er ikke noe håp for din fremtid men bare endesløs tortur og fortvilelse.

Sjelen som klager på samme måte som ovenfor vet altfor godt at det ikke er noen mulighet for frelse. Men likevel skriker sjelen ut til Gud "i tilfelle." Sjelen tigger om medlidenhet og for frelse. Denne sjelens gråt blir så til gjennomtrengende tuting, og denne skrikingen virvler bare rundt viddene i helvete og så forsvinner. Og selvfølgelig er det ikke noen respons.

Men angerfølelsen til disse menneskene i det Lavere Dødsrike er ikke alvorlig og målbevisst selv om det virker som om de angrer så ynkelig. Siden det fremdeles er ondskap i deres hjerte og de vet at deres skrik er ubetydelig, vil disse sjelene utstråle mere ondskap og vil forbanne Gud. Dette viser oss tydeligvis hvorfor slike individer aldri kunne ha komme inn i himmelrike.

2. Tjernet med Ilden & Tjernet med den Brennende Svovelen

I det Lavere Dødsrike, kan sjelen i det minste trygle, klandre, og jamre seg, og spørre seg selv, "Hvorfor er jeg her?" De frykter også tjernets ild og tenker på hvordan de kan rømme fra torturen, og tenker, 'Nå, hvordan kan jeg rømme fra budbringeren fra helvete?'

Men etter at de har blitt kastet inn i tjernet med ilden, kan de derfor ikke tenke på noe annet på grunn av den forferdelige og uendelige smerten. Straffene i det Lavere Dødsrike var relativt mildt, sammenlignet med de i ildens tjern. Straffene i ildens tjern er utrolig smertefulle. Det er så smertefullt at vi ikke kan forstå eller se det for oss med våres begrensede kapasitet.

Putt salt i en stekepanne hvis du vil prøve å forestille deg om bare litt av lidelsen. Du vil se at saltet smeller, og dette ligner synet i tjernet med ilden: sjelene er akkurat som saltet som smeller.

Helvete

Forestill deg også at du er i et basseng med kokende varmt vann, som måler 100°C. Tjernet med ilden er mye varmere enn det kokende vannet, og tjernet med den brennende svovelen er sju ganger varmere enn tjernet med ilden. Når du har blitt kastet inn i det, er det ingen måte å rømme på og du vil lide i all evighet. Det første, andre, tredje, og fjerde nivået med straffer i det Lavere Dødsrike før Dommen er mye lettere å holde ut.

Hvorfor lar så Gud dem lide i det Lavere Dødsrike i tusen år før han kaster dem inn i tjernet med ilden eller tjernet med den brennende svovelen? De ufrelsede menneskene vil gjenspeile seg selv. Gud vil at de skal finne ut av hvorfor de havnet på et slikt forferdelig sted som helvete, og at de vil grunndig angre på deres tidligere synder. Men det er forferdelig vanskelig å finne mennesker som angrer, og de utstråler heller mere ondskap nå enn før. Nå vet vi hvorfor Gud må ha laget helvete.

Å bli saltet med ild i tjernet med ilden

Mens jeg ba i 1982, viste Gud meg en scene fra Dommen av den Store hvite Trone, og en kort stund om tjernet med ilden og tjernet med den brennende svovelen. De to tjernene var veldig endeløse.

På avstand ligner de to tjernene og sjelene i dem på mennesker i varme kilder. Noen mennesker var dykket helt til brystet, mens andre ble dykket til nakken, og viste bare hodene deres.

I Markus 9:48-49, pratet Jesus om helvete som et sted *"hvor deres orm ikke dør, og ilden ikke slukkes. For alle vil bli saltet med ilden.*" Kan du inbille deg hvor mye smerter det er i et slikt miljø? Når disse sjelene prøver å rømme, alt de kan klare å gjøre er å hoppe akkurat som sprettende salt og skjære tennene deres. Noen ganger vil menneskene her i verden hoppe opp og ned når de leker eller når de danser til langt på natt i nattklubber. Etter en stund setter de seg ned og hviler hvis de vil. Men i helvete hopper ikke sjelene på grunn av glede, men på grunn av forferdelig mye smerter, og selvfølgelig er det ikke noe hvile selv om de gjerne vil. De skriker i smerter så høyt at de blir øre, og deres glinsende øyne blir mørke blå og blir uhyggelig blodsprengte. Videre vil hjernen deres eksplodere og væsken vil strømme ut.

Samme hvor desperate de er, kan ikke sjelene komme seg ut. De prøver å skyve vekk og trampe på hverandre, men det er nytteløst. Hver eneste del av tjernet med ilden, hvor den ene enden er usynlig fra den annen side, har den samme temperaturen, og temperaturen i tjernet minsker ikke samme hvor lang tid som går. Helt til Dommen av den Store Hvite Tronen, har det Lavere Dødsrike vært kontrollert av Lusifers kommando, og alle straffene har blitt gitt ifølge Lusifers makt og autoritet.

Men etter Dommen vil straffenen bli gitt av Gud og administrert ifølge Hans forsyn og makt. Temperaturen i hele tjernet med ilden vil derfor alltid være den samme.

Denne ilden vil gjøre at sjelene lider men vil ikke drepe dem. Akkurat som når kroppsdelene til sjelene i det Lavere Dødsrike blir fornyet selv etter at de har blitt skjært opp eller revet i små biter, er kroppsdelene til sjelene hurtig gjenopprettet rett etter at de har blitt svidd.

Helvete

Hele kroppen og organene inne i er svidd

Hvordan er sjelene i tjernet med ilden straffet? Har du noensinne sett en scene ifra komedie bøker, animasjonsfilmer, tegneserier på fjernsynet hvor en karakter blir henrette med "høyspent" elektrisk støt? I det øyeblikket som han blir henrettet, vil hans kropp bli til et skjelett med en mørkefarvet omriss som omringer hans kropp. Når han blir løslatt fra strømmen av elektrisitet, virker han normal. Eller se for deg røntgenfotograferings skanning som viser de indre delene av menneskekroppen.

På en lignende måte, er sjelene i tjernet med ilden vist i deres fysiske form for en kort periode. I det neste kan du ikke finne kroppene og bare ånden deres er synlige. Dette mønsteret blir gjentatt. I de glohete flammene, er sjelenes kropper brendt med en gang og forsvinner, og så blir de snart gjenopprettet igjen.

Her på jorden når du lider av en tredje grads forbrenning vil du kanskje ikke kunne holde ut den kvelende sensasjonen over hele kroppen din og blir gal. Ingen kan forstå hvor smertefullt dette er til han selv kan erfare det. Du vil kanskje ikke kunne klare å holde ut smertene selv om bare armene dine har blitt brendt.

Den kvelende følelsen går sjenerelt ikke vekk rett etter at du har blitt brendt, men varer i flere dager. Varmen av flammene sprer seg i kroppen, og skader cellene, og noen ganger også hjertet. Så hvor mye mere smertefullt ville det være å ha alle kroppsdelene dine og de indre organene svidd, bare for å ha dem fornyet og svidd igjen og igjen?

204

Sjelene i tjernet med ilden kan ikke holde ut smerten, og de kan ikke besvime, dø, eller hvile selv for en kort stund.

Tjernet med den brennende svovelen

Tjernet med ilden er et av straffens steder hvor de som begikk forholdsvis lettere synder og led av det første eller andre nivået med straffer i det Lavere Dødsrike. De som begikk grovere synder og led av det tredje og fjerde nivået med straffer i det Lavere Dødsrike vil havne i tjernet med den brennende svovelen, som er sju ganger varmere enn tjernet med ilden. Akkurat som det ble omtalt ovenfor, tjernet med den brennende svovelen er reservert for de følgende menneskene: de som motsa, motarbeidet, og gudsbespottet den Hellige Ånd; de som korsfestet Jesus Kristus om igjen; de som bedro Ham; de som med vilje fortsatte med å synde; ekstreme avgudsdyrkere; de som syndet etter at de hadde deres samvittighet merket; alle de som motsatte seg Gud med onde gjerninger; og falske profeter og lærere som underviste løgner.

Hele tjernet med ilden er fyllt med "rød" ild. Tjernet med brennende svovel er fyllt med mere "gule" enn "røde" flammer og koker alltid med bobler på størrelse med gresskar her og der. Sjelene i dette tjernet er fullstendig under i den kokende væsken med den brennende svovelen.

Overmannet av smerte

Hvordan kan du forklare om smertene i tjernet med den

Helvete

brennende svovelen som er sju ganger varmere enn tjernet med ilden hvor smerten også er utenkelig?

La meg forklare med sammenlikning av ting her i verden. Hvis noen ville drikke væske som var smeltet av jern i en sprengende smelteovn, hvor smertefullt ville det ikke være? Hans indre organer vill blitt brendt når varmen, som var varm nok til å smelte jern til væske, kommer inn i hans mave ned halsen hans.

I tjernet med ilden, kan sjelene i det minste hoppe eller skrike av smerter. Men i tjernet med den brennende svovelen, kan ikke sjelene hverken klage eller tenke, men er bare undertrykket av smerter. Hvor mye lidelse og tortur som skal komme inn i tjernet med den brennende svovelen kan ikke bli beskrevet med noen fakter eller ord. Dessuten må også sjelene lide i all evighet. Så hvordan kan en slik tortur overhode bli beskrevet med ord?

3. Noen Forblir i det Lavere Dødsrike Selv Etter Dommen

Frelsede mennesker fra det Gamle Testamentets tider har oppholdt seg i det Øverste Dødsrike til Jesus Kristus oppstår, og etter Hans oppstandelse vil de komme inn i Paradiset og vente på Ventestedet i Paradiset til at Hans Annen Advent i luften finner sted. På den ene side, vil frelsede mennesker fra det Nye Testamentets tider justere seg selv i det Øverste Dødsrike i tre dager og så gå inn i Ventestedet i Paradiset og vente der til Jesus Kristus Annen Tilbakekomst i luften.

Men ufødte barn som dør i deres mors livmor kommer heller

ikke til Paradiset etter Jesus Kristus oppstandelse eller til og med etter Dommen. De blir boende i det Øverste Dødsrike i all evighet.

Samtidig er det også unntak blandt de som for øyeblikket lider i det Lavere Dødsrike. Disse sjelene er hverken kastet inn i tjernet med ilden eller tjernet med den brennende svovelen til etter Dommen. Hvem er de?

Barn som dør før puberteten

Blandt de ufrelsede er abborterte fostre som er mere enn seks måneder inn i graviditeten og barn før pubertetsalderen, rundt tolv års alderen. Disse sjelene er hverken kastet inn i tjernet med ilden eller tjernet med den brennende svovelen. Dette er på grunn av at selv om de kom til det Lavere Dødsrike på grunn av deres egen ondskap, på tidspunktet når de døde var de ikke utviklet nok til å ha egen vilje. Dette betyr at deres livstro var ikke nødvendigvis den de selv valgte, fordi de kunne lett bli påvirket av utvendig elementer som for eksempel foreldre, slektninger, og miljø.

Den kjærlige og rettferdige Gud tar disse forholdene i betraktning og kaster dem ikke inn i tjernet med ilden eller tjernet med den brennende svovelen etter Dommen. Dette betyr derfor ikke at deres straffer vil bli mindre eller forsvinne. De vil bli straffet i all evighet på samme måte som de ble straffet i det Lavere Dødsrike.

Helvete

Siden syndens belønninger er døden

Untatt dette tilfelle, vil alle menneskene i det Lavere Dødsrike bli kastet inn i tjernet med ilden eller den brennende svovelen ifølge hva slags synder de har begått mens de ble oppdratt her på jorden. I Paulus' brev til Romerne 6:23 står det at, *"For den lønn som synde gir, er døden, men Guds nådegave er evig liv i Jesus Kristus, vår Herre."* Her refererer ikke "døden" til livets slutt her på jorden, men betyr den evige straffen i enten tjernet med ilden eller tjernet med den brennende svovelen. Den forferdelige og vonde torturen fra den evige straffen er syndens belønning, og du vet derfor at synd er veldig ille, skittent, og motbydelig.

Hvis mennesker bare visste litt om den evige lidelsen i helvete, hvorfor ville de ikke bli redde for å dra til helvete? Hvorfor ville de ikke akseptere Jesus Kristus, adlyde, og leve etter Guds ord?

Jesus fortalte oss om det følgende i Markus' evangeliet 9:45-47:

> *Og om din fot frister deg, da hugg den av! Det er bedre at du går halt inn til livet enn at du har dine to føtter og kastes i helvete, hvor deres orm ikke dør, og ilden ikke slukkes. Og om ditt øye frister deg, da riv det ut! Det er bedre at du går enøyet inn i Guds rike enn at du har to øyne og kastes i helvete.*

Det er bedre for deg å skjære av dine føtter hvis du begår

synder ved å gå steder som du ikke burde gå enn å falle inn i helvete. Det er bedre for deg å skjære av dine hender hvis du begår synder ved å gjøre ting du ikke burde gjøre enn å gå til helvete. Likeledes er det også bedre for deg å plukke ut ditt øye hvis du begår synder, enn å se ting som du ikke burde se.

Men med Guds nåde som har blitt gitt til oss for fri, behøver vi ikke å skjære av våre hender eller føtter eller plukke ut øynene våres for å kunne komme inn til himmelrike. Dette er på grunn av våre syndige og uskyldige Lam, Herren Jesus Kristus, ble korsfestet på våres vegne, hadde Hans hender og føtter spikret og hadde på seg en krone av torner.

Guds Sønn kom for å ødelegge djevelens arbeide

Derfor, hvem som enn tror på blodet til Jesus Kristus er tilgitt, frigitt fra straffen i tjernet med ilden eller den brennende svovelen, og har blitt belønnet det evige livet.

Apostelen Johannes' 1. brev 3:7-9 forteller oss, *"Mine barn! La ikke noen forføre dere! Den som gjør rettferdighet, er rettferdig, likesom Han er rettferdig. Den som gjør synd, er av djevelen; for djevelen synder fra begynnelsen. Dertil er Guds Sønn åpenbart at Han skal gjøre ende på djevelens gjerninger. Hver den som er født av Gud, gjør ikke synd, fordi Hans sæd blir i ham, og han skal ikke synde, fordi han er født av Gud."*

Synd er mere enn en handling, som for eksempel stjeling, mord, eller svindel. Ondskap i ens hjerte er en mere seriøs synd. Gud hater ondskap i våre hejrter. Han hater onde hjerter som dømmer og vraker andre, onde hjerter som hater og snubler, og

Helvete

onde hjerter som er slue og bedragende. Hvordan ville himmelrike bli hvis menneskene med slike hjerter ble tillatt å komme og bo der? Selv i himmelrike, ville menneskene da krangle om hva som var riktig og hva som var galt, så Gud tillater derfor ikke onde mennesker å komme inn til himmelrike.

Hvis du derfor blir Guds barn berettiget av blodet til Jesus Kristus, kan du ikke følge løgnene mere eller tjene som en slave til djevelen, men leve i sannheten som Guds barn, som er selve lyset. Bare da kan du ha all æren fra himmelen, få velsignelser for å nyte fullmakten som Guds barn og lykkes selv i denne verdenen.

Du kan ikke begå synder og samidig avlegge din trosbekjennelse

Gud elsker oss så mye at Han har sendt Hans elskede, uskyldige, og eneste Sønn til å dø for oss på et kors. Kan du da tenke deg hvor mye Gud vil sørge og bli ulykkelig når Han ser på at de som hevder at de er "Guds barn" begår synder, under inflytelse av djevelen, og går mot helvete ganske fort?

Jeg spør deg om å ikke begå synder men om å adlyde Guds befaling, og bevise at du er Guds elskede barn. Når du gjør det, vil alle dine bønner bli besvart hurtigere og du vil bli Guds sanne barn, og på slutten, vil du komme inn i og leve i det ærede nye Jerusalem. Du kan også oppnå makt og myndighet for å drive vekk mørket fra de som ikke ennå kjenner sannheten, som fremdeles begår synder, og som blir slaver til djevelen. Du vil få myndighet til å føre dem til Gud.

Måtte du bli Guds sanne barn, motta svar på alle dine bønner og forespørsler, lovprise Ham, og levere mangfoldige mennesker fra veien til helvete, slik at du kan nå Guds ære, og skinne som solen i himmelen.

4. Onde Ånder Skal Bli Begrenset til Abyssen

Ifølge *Websters Nye Verdens Universitetets Ordbok*, er benevnelsen "Abyss" angitt som en "bunnløs kløft," "avgrunn," eller alt som er for dypt til å måle." I den bibelske forstanden, er Abyssen den dypeste og laveste delen i helvete. Den er reservert bare for de onde åndene som er uten betydning til den menneskelige oppdragelsen.

Og jeg så en engel stige ned fra himmelen, som hadde nøkkelen til avgrunnen og en stor lenke i sin hånd. Og han grep dragen, den gamle slange, som er djevelen og Satan, og bandt ham for tusen år og kastet ham i (Abyssen)avgrunnen og lukket til og satte segl over ham, forat han ikke lenger skulle forføre folkene, inntil de tusen år var til ende; og etter den tid skal han løses en kort stund.

Dette er en beskrivelse av en tid mot slutten av de Syv Årene for den Store Prøvelsen. Etter Jesus Kristus Advent, vil onde ånder kontrollere verden i syv år, hvor den Andre Verdenskrig og andre katastrofer blir slippet løs over hele verden. Etter den Store

Prøvelsen finnes det Millenium Kongerike, hvor den onde ånden er stengt inne i Abyssen. Mot slutten av Millenium vil de onde åndene bli satt fri for en kort periode og når Dommen til den Store Hvite Tronen er fullført, vil de bli låst inne i Abyssen igjen og denne gangen er det for godt. Lusifer og hans tjenere kontrollerer den mørke verden, men etter Dommen, vil himmelrike og helvete bli bestyret bare av Guds makt.

Onde ånder er bare instrumenter i den menneskelige oppdragelsen

Hva slags straffer vil den onde ånden motta, som vil ha mistet all makten og myndigheten i Abyssen?

Før vi går videre, må du tenke på at de onde åndene bare tjener og eksisterer som instumenter for den menneskelige oppdragelsen. Hvorfor oppdrar så Gud menneskene her på jorden selv om det er mangfoldige himmelske verter og engler i himmelen? Det er fordi Gud vil ha sanne barn som Han kan dele Hans kjærlighet med.

La meg gi deg et eksempel. Gjennom Koreas historie, hadde de adelige aristokratene vanligvis mange tjenere i deres husholdninger. Tjenere adlød alt hva deres herre befalte. Nå har en herre sløsende sønner og døtre som ikke adlyder ham, men som bare gjør det de vil. Betyr det at herren vil elske hans lydige tjenere mere enn hans sløsende barn? Han kan ikke hjelpe med å elske hans barn selv om de ikke er de mest lydige.

Det er det samme med Gud. Han elsker menneskene som er skapt i Hans speilbilde samme hvor mange lydige himmelske verter og engler Han har. Himmelske verter og engler er mer lik roboter som bare gjør det de blir fortalt. De kan derfor ikke dele virkelig kjærlighet med Gud.

Men det menes selvfølgelig ikke at engler og roboter er lik på alle måter. På den ene side, vil roboter bare gjøre som de har blitt befalt, mangle fri vilje, og har ingen følelser. På den annen side, akkurat som mennesker kan englene kjenne følelsen med lykke og sorg.

Når du føler glede eller sorg, har ikke engler den samme følelsen som du har, men vet bare hva du føler. Derfor når du lovpriser Gud, vil englene lovprise Ham med deg. Når du danser for å ære Gud, vil de også danse og til og med spille musikk instrumenter sammen. Denne egenskapen atskiller dem fra robotene. Likevel er engler og roboter "like" med at de begge mangler selvstendig vilje og gjør bare som de blir fortalt, og de blir laget og bare brukt som redskaper og instrumenter.

Akkurat som englene, er den onde ånden ikke noe mere enn redskaper som blir brukt til den menneskelige oppdragelsen. De er som maskiner som ikke ser forskjell på det gode og det onde, laget for et spesielt formål, og de blir brukt av onde hensikter.

De onde åndene som er innestengt i Abyssen

Loven til den åndelige verden dikterer at "belønningen til synden er døden" og "en mann høster hva han sår." Etter den Store Dommen, vil sjelene i det Lavere Dødsrike lide i tjernet med ilden eller i den brennende svovelen ifølge denne loven. Det er på grunn av at de valgte ondskap som deres fri vilje og følelser mens de ble oppdratt her på jorden. De onde åndene, untatt djevlene er ikke viktige for den menneskelige oppdragelsen. Derfor, selv etter Dommen, er de onde åndene innestengt i den mørke og kalde avgrunnen, forlatt akkurat som en haug med søppel. Dette er den mest passende straffen for dem.

Guds Trone ligger i midten og er høydepunktet i himmelrike. Og motsatt er den onde ånden låst inne i Abyssen, det dypeste og mørkeste stedet i helvete. De kan ikke bevege seg komfortabelt rundt i den mørke og kalde Abyssen. Som om de er presset ned av store stener, vil de onde åndene alltid bli begrenset i en fast stilling.

Disse onde åndene hadde en gang tilhørt himmelrike og hadde lovprisende forpliktelser. Etter deres nedgang, brukte de som hadde syndet myndighet på egen måte i den mørke verden. Men de tapte i en krig hvor de hadde motkjempet Gud og alt ble nå slutt. De mistet all æren og verdien som himmelske skapninger. I avgrunnen, som et symbol på forbannelse og skam, ville vingene til disse falte englene ha blitt revet fra hverandre.

En ånd er en evig og udødelig skapning. Allikevel kan ikke en ond ånd i Abyssen en gang røre en finger, har ingen følelser, vilje, eller makt. De er som maskiner som har blitt skrudd av, eller dukker som har blitt kastet ut, og virker til og med som om de er frosne.

Noen budbringere fra helvete forblir i det Lavere Dødsrike

Det er et unntak til denne regelen. Som vi nevnte tidligere vil barn under ca. tolv års aldereren forbli i det Lavere Dødsrike selv etter Dommen. Derfor for at disse straffene for disse barna skal fortsette, er det nødvendig for budbringeren fra helvete å stå for dette.

Disse budbringerne fra helvete er ikke innestengt i avgrunnen, men forblir i det Lavere Dødsrike. De ser ut som roboter. Før Dommen, ville de noen ganger le og nyte synet av sjelene som blir torturerte, men det var ikke på grunn av at de selv hadde noen følelser. Det var Lusifers kontroll, som hadde menneskelige egenskaper, som fikk budbringerne fra helvete til å vise følelser. Men etter Dommen, er de ikke lenger kontrollert av Lusifer, men de vil gjøre deres arbeide uten noen som helst følelser, og arbeide som maskiner.

5. Hvor Vil Djevelen Havne?

I motsetning til syndige engler, drager og deres etterfølgere som hadde blitt skapt før universets skapelse, er djevler ikke åndelige skapninger. De var en gang mennesker, som ble laget av støvet, og hadde ånder, sjeler, og kropper akkurat som oss. Blandt de som en gang ble oppdratt her i verden men som døde uten å motta frelse er de som er løslatt her i verden under spesielle omstendigheter som djevler.

Hvordan kan en så bli en djevel? Det er vanligvis fire måter hvor mennesker kan bli djevler.

Det første er tilfelle angående mennesker som har solgt

åndene og sjelene deres til Satan.

Mennesker som praksiserer trolldom og som søker hjelp og makt fra de onde åndene til å tilfredsstille deres grådighet og ønske, som for eksempel trollkunstnere, kan bli djevler når de dør.

De andre er tilfeller angående mennesker som har begått selvmord i deres egen ondskap. Hvis mennesker endte deres liv på grunn av forretnings sammenbrudd eller andre grunner, har de ignorert Guds suverenitet over livet og kan derfor bli djevler. Men dette er ikke det samme som å ofre ens eget liv for hans/hennes land eller hjelpe de hjelpesløse. Hvis en mann som ikke selv kan svømme, hadde hoppet inn i vannet for å redde noen andre på bekostning av hans eget liv, var det for et godt og storsinnet formål.

Det tredje tilfelle er hvor mennesker som en gang hadde trodd på Gud, men som endte opp med å nekte Ham og solgte deres tro.

Noen troende bebreider og motsier Gud når de møter store vanskeligheter eller mister noen eller noe som er veldig kjært til dem. Charles Darwin, pioneren av evolusjons teorien, er et godt eksempel. Darwin hadde en gang tro på Gud Skaperen. Når hans elskede datter døde altfor tidlig, begynte Darwin å nekte og motsi Gud og satte i gang teorien om evolusjon. Slike mennesker begår synden med å korsfeste Jesus Kristus, vår Frelser, om igjen (Brevet til Hebreerne 6:6).

Det fjerde og siste tilfelle av mennesker som legger hindringer i veien, motsier, og gudsbespotter den Hellige Ånd selv om de tror på Gud og kjenner sannheten (Matteus' evangeliet 12:31-32; Lukas' evangeliet 12:10).

Mange mennesker som i dag tilsynelatende erklærer deres tro på Gud setter hindringer, motsier, og gudsbespotter den Hellige Ånd. Selv når disse menneskene er vitne til Guds mangfoldige arbeid, og til tross for dette dømmer eller vraker de andre, motsier den hellige Ånds arbeide, og prøver å ødelegge kirker som er ledsaget av Hans arbeide.Dessuten hvis de gjør dette mens de er ledere, vil deres synder bare bli mye mere alvorlig.

Når disse synderne dør, blir de kastet inn i det Lavere Dødsrike og motta det tredje eller fjerde nivået med straffer. Faktum er at noen av disse sjelene blir til djevler og blir løslatt inn i denne verden.

Demon (onde ånder) styrt av djevelen

Helt til Dommen kom hadde Lusifer fullstendig fullmakt til å kontrollere den mørke verden og det Lavere Dødsrike. Lusifer har derfor makten til å velge bestemte sjeler som er best egnet for hans arbeide fra det Lavere Dødsrike og bruke dem i denne verdenen som demoner.

Så fort disse sjelene er valgt og løslatt ut i verden, i motsetning til hva de hadde i løpet av deres livstid, vil de ikke lenger ha deres egen vilje eller følelser. Ifølge Lusifers ønske, er det kontrollert av djevelen og tjener bare som instrumenter for å fullføre de onde åndenes mål her i verden.

Helvete

De onde åndene frister menneskene her på jorden til å elske verden. Noen av de mest ondskapsfulle syndene og forbrytelsene i dag er ikke en tilfeldighet, men er gjort mulig gjennom de onde åndenes arbeide ifølge Lusifers ønske. De onde åndene trenger inn i de menneskene ifølge den åndelige loven og leder dem til helvete. Noen ganger gjør de onde åndene menneskene invalide og gir dem sykdommer. Og selvfølgelig betyr ikke dette at hvert eneste slag og tilfelle av vanskapthet eller sykdom kommer fra de onde åndene, men noen tilfeller kommer fra de onde åndene. Vi finner i Bibelen en gutt som er besatt av den onde ånden som hadde vært stum helt siden hans barndom (Markus' evangeliet 9:17-24), og en kvinne som hadde blitt lammet av en ånd i atten år, var krokete, og som ikke kunne rette seg selv opp (Lukas' evangeliet 13:10-13).

Ifølge Lusifers ønske har de onde åndene fått de letteste plikter i den mørke verden, men de vil ikke bli stengt inne i Abyssen etter Dommen. Siden de onde åndene engang hadde vært mennesker og vært kultiverte, sammen med de som mottok det tredje eller det fjerde nivået med straffer i det Lavere Dødsrike, vil de bli kastet inn i tjernet med den brennende svovelen etter Dommen fra den Store Hvite Tronen.

De onde åndene er redde for Abyssen

Noen av deres som husker ordene fra Bibelen kan kanskje finne at noe er galt. I Lukas' evangeliet 8, er det en scene hvor Jesus møter mannen som er besatt av de onde åndene. Når Han befalte den onde ånden til å forlate mannen, sa den onde ånden,

"Hva har jeg med deg å gjøre, Jesus, du den høyeste Guds Sønn? Jeg ber deg, pin meg ikke!" (Lukas' evangeliet 8:28) og tigget med Jesus at Han ikke ville sende ham inn til Abyssen. Det er forutbestemt at de onde åndene skal bli kastet inn i tjernet med den brennende svovelen, ikke Abyssen. Hvorfor ba den så Jesus om ikke å kaste den inn i Abyssen? Som vi nevnte tidligere, de onde åndene hadde en gang vært mennesker, og på grunn av dette var de bare instrumenter som ble brukt for den menneskelige oppdragelsen ifølge Lusifers ønske. Derfor, når den onde ånden pratet til Jesus gjennom denne mannens lepper, kom det direkte fra hjertet til de onde åndene som kontrollerte den, ikke dens egen. De onde åndene ledet av Lusifer vet at så fort Guds forsyn av den menneskelige oppdragelsen er fullført, vil de miste all deres myndighet og makt og vil bli innestengt i avgrunnen for alltid. Deres frykt for fremtiden var vist veldig klart gjennom den onde åndens tigging.

De onde åndene ble også brukt som et instrument slik at disse onde åndenes' frykt så vel som deres ende kunne bli skrevet ned i Bibelen.

Hvorfor hater de onde åndene vann, og flamme?

Tidlig i min prestetjeneste, arbeidet den Hellige Ånd så kraftig i min kirke at de blinde ble seende, de stumme ble snakkende, mennesker med polio kunne gå, og de onde åndene ble drevet ut. Denne nyheten spredde seg gjennom landet, og mange syke mennesker kom. På den tiden, ba jeg personlig for de som var besatt av de onde åndene, og de onde åndene selv, som

Helvete

de åndelige skapningene visste på forhånd at de ville bli drevet bort. Noen ganger ville demonene tigge meg, "Vær så snill og ikke ta oss ut til vannet, eller flammene!" Selvfølgelig kunne jeg ikke følge deres ønsker.

Hvorfor hater så de onde åndene vann og flammer? Bibelen har også nedskrevet deres motstand mot vann og ild. Når jeg igjen ba for åpenbaringen om dette, fortalte Gud meg at åndelig vann står for liv, mere bestemt Guds ord som er selve lyset. Og hva mer er symboliserer ilden den Hellige Ånd. Således vil de onde åndene som representerer selve mørket miste deres makt og myndighet når de blir drevet ut til ilden eller vannet.

I Markus 5 er det en scene hvor Jesus befaler den onde ånden "Legion" å forlate mannen, og de ba Ham om å sende dem til grisene (Markus' evangeliet 5:12). Jesus ga dem tillatelse, og de onde åndene kom ut av mannen og inn i grisene. Flokken med griser, rundt to tusen, stormet ned den bratte skrenten inn til tjernet og druknet. Jesus gjorde dette for å unngå at disse onde åndene skulle fortsette med å arbeide for Lusifer,og druknet dem derfor i et tjern. Dette betyr ikke dermed at de onde åndene druknet; de bare mistet makten deres. Det er på grunn av dette at Jesus forteller oss *"når den urene ånd er fart ut av et menneske, går den gjennom tørre steder og søker hvile, men finner den ikke"* (Matteus' evangeliet 12:43).

Guds barn burde kjenne den åndelige verden klart og tydelig for å kunne vise Guds makt. De onde åndene skjelver av frykt når du driver dem ut med den fulle kunnskapen fra den åndelige verden. Men de vil ikke skjelve, og vil i mindre grad bli drevet ut hvis du sier "Du onde ånd, gå vekk og gå inn i vannet! Gå inn i ilden!" uten at du har den åndelige forståelsen.

Lusifer kjemper med å opprette hans kongerike

Gud er Guden med overflytende kjærlighet, men Han er også Guden med rettferdighet. Samme hvor barmhjertig og tilgivende noen som helst konge her i verden er, kan de ikke hele tiden være betingelsesløst barmhjertige og tilgivende. Når det er tyver og mordere i landet, må en konge fange dem og straffe dem ifølge loven i landet for å kunne beholde freden og sikkerheten for hans folk. Selv når hans elskede sønn eller folk begår seriøse forbrytelser som landsforræderi, har ikke kongen noen annen utvei enn å straffe dem ifølge loven.

På samme måte er Guds kjærlighet den kjærligheten som er helt på linje med den strenge ordren av den åndelige verden. Gud hadde elsket Lusifer veldig høyt før hans bedrageri, og selv etter bedrageriet, ga Gud Lusifer en fullstendig fullmakt over mørket, men den eneste belønningen som Lusifer vil motta er innesperringen i Abyssen. Siden Lusifer allerede vet om dette, kjemper han med å opprette hans kongerike og beholde det sikkert. På grunn av dette drepte Lusifer mange av Guds profeter to tusen år tilbake og før den tid. For to tusen år siden, når Lusifer fant ut om fødselen av Jesus Kristus, for å prøve å forhindre Guds kongerike fra å bli opprettet og for å beholde mørkets kongerike uendelig, prøvde han å drepe Jesus gjennom Kong Herod. Etter at han ble hisset opp av Satan, ga Herod ordre om å drepe alle guttene i landet som var to år gamle og yngre (Matteus' evangeliet 2:13-18).

221

Utenom dette, I løpet av de to siste millenium, har Lusifer alltid prøvd å ødelegge og drepe alle som viste Guds vidunderlige makt. Men Lusifer kan aldri seire mot Gud eller passere Hans kunnskaper, og hans ende er bare funnet i Abyssen.

Kjærlighetens Gud venter og gir deg muligheter til å angre

Alle menneskene her på jorden vil bli dømt ifølge deres gjerninger. For de urettferdige venter det forbannelse og straffer og for de gode venter det velsignelse og ære. Men Gud som selv er kjærlighet kaster ikke mennesker som har syndet inn i helvete med det samme. Han venter tålmodig for mennesker å angrer akkurat som det står skrevet i Peters' annet brev 3:8-9, *"Men dette ene må dere ikke være binde for, dere elskede, at en dag er dere herrens øyne som tusen år, og tusen år som en dag. Herren er ikke sen med løftet, således som noen akter det for senhet, men Han har langmodighet med dere, da Han ikke vil at noen skal fortapes."* Dette er Guds kjærlighet som vil at alle mennesker skal motta frelse.

Gjennom dette budskapet om helvete, burde du huske at Gud også var tålmodig og ventet på alle de som ble straffet i det Lavere Dødsrike. Denne kjærlghetens Gud sørger over sjelene, som var skapt i Hans speilbilde og Hans likhet, og som nå lider og vil lide for mange år fremover.

Uansett Guds tålmodighet og kjærlighet, hvis mennesker ikke aksepterer evangeliet til slutten eller hevder at de tror men fortsetter med å synde, vil de miste alle mulighetene for frelse og falle inn i helvete.

Det er på grunn av dette at vi troende alltid burde spre evangeliet samme om vi har en sjanse eller ikke. La oss anta at det var en stor brann i huset ditt mens du var ute. Når du kom tilbake, var huset ditt oppslukt av flammer og dine barn sov inne. Vil du ikke gjøre alt for å redde dine barn? Guds hjerte lider mere når Han ser mennesker som er skapt i Hans speilbilde og Hans likhet begår synder og faller inn i de evige flammene fra helvete. På samme måte kan du inbille deg hvor lykkelig Gud vil bli når Han ser mennesker som leder andre mennesker til frelse?

Du burde forstå Guds hjerte som elsker alle mennesker og sørger over de som er på vei til helvete, så vel som hjerte til Jesus Kristus som ikke vil miste selv en eneste person. Nå som du har lest om mishandlingene og lidelsene i helvete, kan du kanskje forstå hvorfor Gud er så tilfreds med menneskenes frelse. Jeg håper at du vil forstå og føle Guds hjerte slik at du kan spre de gode nyhetene og lede mennesker til himmelrike.

9. kapittel

Hvorfor Skapte Kjærlighetens Gud Helvete?

1. Guds Tålmodighet og Kjærlighet
2. Hvorfor Måtte Kjærlighetens Gud Skape Helvete?
3. Gud Vil At Alle Mennesker Skal Motta Frelse
4. Spre Evangeliet med Modighet

"*[Gud] vil gjerne at alle mennesker skal bli frelst
og få kunnskapen om sannheten.*"
- 1. Timoteus 2:4 -

"*Han har sin kasteskovl i sin hånd,
og han skal rense sin låve og samle sin hvete i laden,
men agnene skal han brenne opp med uslukkelig ild.*"
- Matteus 3:12 -

For omkring to tusen år siden dro Jesus gjennom byene og landsbyene i Israel og forkynte om de gode nyhetene og helbredet hver eneste sykdom. Når Han støtet på folk, hadde Jesus medlidenhet med dem, fordi de var plaget og hjelpesløse, akkurat som sauer uten sauegjeteren (Matteus' evangeliet 9:36). Selv om Jesus gikk flittig rundt omkring landsbyene og besøkte menenskene, kunne Han ikke ta hånd om dem hver for seg.

I Matteus' evangeliet 9:37-38, fortalte Jesus Hans disipler, *"Høsten er stor, men arbeiderne få. Be derfor høstens Herre at Han vil drive arbeiderne ut til sin høst."* De trengte veldig sårt arbeiderne som ville lære mangfoldige mennesker om sannheten med en brennende kjærlighet og drive ut mørket fra dem i Jesus' sted.

Nå for tiden er det så mange mennesker som er gjort til slaver av syndene, lider av sykdommer, fattigdom, og sorg, og går mot helvete – alt på grunn av at de ikke kjenner til sannheten. Vi må forstå Jesus hjerte som søker etter arbeidere som Han kan sende til innhøstings åkeren, slik at du ikke bare vil motta frelse men også vil tilstå overfor Ham, "Her er jeg! Send meg, Herre."

1. Guds Tålmodighet og Kjærlighet

Det var en sønn som var elsket og beundret av hans foreldre. En dag spurte denne sønnen sine foreldre om å få hans del av eiendommen. De føyde seg etter sønnens' ønske, selv om de ikke riktig kunne forstå han, siden han en gang skulle få alt sammen likevel. Sønnen dro så til utlandet med hans del av eiendommen. Selv om han hadde håp og ambisjoner i begynnelsen, overga han seg mer og mer til verdens fornøyelse og lidenskap og sløset bort all hans rikdom på slutten. Og hva mer er møtte landet forferdelige dårlige tider, så han ble bare mye fattigere. En dag ga noen nyhetene om sønnen deres til hans foreldre, og fortalte dem at deres sønn var så godt som en tigger på grunn av et liv med sløsing, og ble derfor foraktet av folk.

Hva ville hans foreldre ha følt? De ville kanskje vært sinte først, men snart ville de begynne å bekymre seg for ham, og tenke, 'Vi tilgir deg sønn. Bare kom hjem fort!'

Gud aksepterer barn som kommer tilbake angrende

Følelsene til disse forledrene er skrevet ned i Lukas' evangeliet 15. Faren til sønnen som hadde dratt avgåred til et land langt unna, ventet på hans sønn ved porten hver eneste dag. Faren ventet så desperate på at hans sønn skulle komme tilbake at når hans sønn kom tilbake, kunne faren gjenkjenne ham med det samme selv på lang avstand, han sprang til sønnen sin, og kastet lykkelig armene rundt ham. Faren tok den beste kappen og sandalene på den angrende sønnen, drepte en fet kalv, og holdt et festmåltid i sønnens ære.

Dette er Guds hjerte. Han ikke bare tilgir de som virkelig angrer, samme hvor mye og hvor ille de hadde syndet, men hjelper dem også til å forbedre seg. Når en person blir reddet av troen, vil Gud juble og feire anledningen med den himmelske verten og englene. Vår barmhjertige Gud er selve kjærligheten. Med faderens hjerte som venter på hans sønn, vil Gud veldig iver at alle menneskene skal snu seg fra synden og motta frelse.

Den kjærlige og tilgivende Gud

Gjennom Hoseas 3, kan du få et lite innblikk på den overflodige barmhjertigheten til vår Gud, som alltid er ivrig etter å tilgi og elske selv syndere. En dag befalte Gud Hoseas å ta en utro kvinne som sin kone. Hoseas adlød og giftet seg med Gomer. Men et par år senere kunne ikke Gomer være trofast mere og hun elsket nå en annen mann. Hun var også betalt som en prostituert og begynte å elske en annen mann. Gud sa så til Hoseas, *"Gå atter bort og elsk en kvinne som er elsket av sin venn og allikevel driver hor, likesom Herren elsker Israels barn, men de vender seg til andre Guder og elsker rosinkaker"* (Profeten Hoseas 3:1). Gud befalte Hoseas til å elske hans kone, som hadde bedratt ham og dratt hjemmenifra for å elske en annen mann. Hosea brakte Gomer tilbake etter at han betalte femten gryn med sølv og en og en halv bygg (Hoseas 3:2). Hvor mange mennesker kan gjøre dette? Etter at Hoseas brakte Gomer tilbake, fortalte han henne, *"I mange dager skal du sitte alene, uten å drive hor og uten å ha med noen mann å gjøre; og jeg skal bære meg likedan at mot deg"* (Profeten Hoseas 3:3). Han hverken fordømte henne eller hatet henne, men tilga henne med kjærlighet og tigget henne om ikke å dra ifra han igjen.

Hva Hoseas gjorde, virket idiotisk i øynene på menneskene her på jorden. Men hans hjerte symboliserte Guds hjerte. Måten Hoseas giftet seg med en utro kvinne, elsket Gud oss først, som hadde forlatt Ham, og som til og med hadde skapt oss.

Etter Adams ulydighet, var alle menneskene fylt med synder.

Helvete

Akkurat som Gomer, var de ikke vært Guds kjærlighet. Men Gud elsket dem allikevel og ga dem Hans eneste Sønn Jesus til å bli korsfestet. Denne Jesus var pisket, måtte ha på seg en krone av torner, og ble spikret i Hans hender og føtter slik at Han kunne frelse oss. Selv når Han hang døende på korset, ba Han, "Fader, tilgi dem." Selv nå megler Jesus for alle synderne foran vår Gud Faders Trone i himmelen.

Men fremdeles er det mange mennesker som ikke kjenner Guds kjærlighet og nåde. Istedenfor elsker de verden og fortsetter med å synde på grunn av at de følger etter deres kjødelige ønsker. Noen lever i mørket på grunn av at de ikke kjenner sannheten. Andre kjenner sannheten, men ettersom tiden går, vil deres hjerter forandre seg og de vil begå synder igjen. Når de blir frelst, må mennesker rense seg selv daglig. Men deres hjerter blir korrupte og forurenset i motsetning til den gangen hvor de mottok den Hellige Ånd. Det er på grunn av dette at disse menneskene begår synder som de en gang hadde kastet bort.

Gud vil fremdeles tilgi og elske selv de menneskene som har syndet og elsket verden. Akkurat som når Hosea tok tilbake hans utroe kone som elsket en annen mann, venter Gud på at Hans barn som har syndet skal komme angrende tilbake.

Derfor må vi forstå Guds hjerte som har avslørt budskapet om helvete for oss. Gud vil ikke at vi skal bli redde; Han vil bare at vi skal lære om helvetes forferdelse, gjennom angring, og motta frelse. Budskapet om helvete er Hans måte å vise Hans brennende kjærlighet for oss på. Vi må også forstå hvorfor Gud måtte forberede helvete slik at vi kan forstå Hans hjerte dypere og spre de gode nyhetene til flere mennesker for å redde dem fra de evige straffene.

2. Hvorfor Måtte Kjærlighetens Gud Skape Helvete?

Første Mosebok 2:7 sier, *"Og Gud Herren dannet menneske av jordens muld og blåste livets ånde i hans nese; og menneske ble til en levende sjel."*

I 1983, året etter at dørene til kirken min åpnet, viste Gud meg et syn hvor skapelsen av Adam var beskrevet. Gud skapte Adam med glede og lykke fra leiren med forsiktighet og kjærlighet, akkurat som når et barn leker med hans/hennes yndlingsleke eller dukke. Etter at Han forsiktig skapte Adam, pustet Gud livets luft inn i hans nesebor. Siden vi fikk livets luft fra Gud, som er Ånden, er vår ånd og sjel umenneskelig. Hud som er laget av støv vil forsvinne og gå tilbake til en neve med støv, men vår ånd og sjel vil vare i all evighet.

På grunn av dette måtte Gud forberede steder hvor de udødelige åndene kunne bo, og det er himmelen og helvete. Akkurat som det er skrevet i Peters andre brev 2:9-10, mennesker som lever livet ved å frykte Gud vil bli frelst, men de urettferdige vil bli straffet i helvete.

Så sant vet Herren å utfri de gudfryktige av fristelser, men å holde de urettferdige i varetekt, med straff til dommens dag, aller mest dem som går etter kjøtt i uren lyst og forakter herredømme. De selvgode vågehalser! De skjelver ikke for å spotte de høye makter.

På den ene side, vil Guds barn leve under Hans evige styre i

Helvete

himmelrike. Himmelrike er derfor alltid full av glede og lykke. På den annen side, er helvete et sted for alle de som ikke aksepterte Guds kjærlighet men istedenfor bedro Ham og ble en slave til syndene. I helvete vil de motta forferdelige straffer. Hvorfor måtte så kjærlighetens Gud skape helvete?

Gud separerte hveten fra klinten

Akkurat som når en bonde sår frø og dyrker dem, dyrker Gud menneskene her i denne verden for å få sanne barn. Når tiden er inne for høsting, separerer Han hveten fra klinten, og sender hveten til himmelen og klinten til helvete.

Han har sin kasteskovl i sin hånd, og han skal rense sin låve og samle sin hvete i laden, men agnene skal han brenne opp med uslukkelig ild (Matteus' evangeliet 3:12).

Hveten symboliserer her alle de som aksepterer Jesus Kristus, som prøver å få tilbake Guds bilde, og leve ifølge Hans ord. "Klinten" refererer her til de som ikke aksepterer Jesus Kristus som deres Frelser, men som elsker verden, og følger synden.

Akkurat som en bonde som samler hveten inn i en låve og brenner klinten eller bruker den som gjødsel, vil Gud også bringe hveten inn til himmelen og kaster klinten inn til helvete.

Gud vil forsikre seg om at vi kjenner til tilværelsen av det Lavere Dødsrike og helvete. Lavaen under jordens overflate og ilden tjener som en påminnelse på de evige straffene i helvete. Hvis det ikke var noen ild eller svovel i denne verden, hvordan kunne vi også ha forestilt oss den skrekkelige scenen til det Lavere Dødsrike og helvete? Gud skapte disse tingene fordi de er nødvendige for menneskenes oppdragelse.

Grunnen til at "klinten" har blitt kastet inn i helvetes ilden

Noen spør kanskje, "Hvorfor skapte kjærlighetens Gud helvete? Hvorfor kan Han ikke også la klinten komme inn til himmelen?"

Skjønnheten av himmelen er utenfor noen som helst innbillelse eller beskrivelse. Gud, himmelens herre er hellig uten noen som helste merker eller feil, og derfor er bare de som adlyder Hans ønsker tillatt å gå inn i himmelrike (Matteus' evangeliet 7:21). Hvis onde mennesker var i himmelen sammen med mennesker som var fulle av kjærlighet og godhet, ville livet i himmelen bli forferdelig vanskelig og usikkert, og den vakre himmelen vil bare bli forurenset. Det er på grunn av dette at Gud måtte skape helvete for å separere hveten i himmelen fra klinten i helvete.

Uten helvete, de rettferdige og de onde vil bli tvunget til å bo sammen. Hvis det hadde vært grunnen, ville himmelen bli en himmel med mørke, fylt med smertende skriking og hyling. Men hensikten med Guds menneskelige oppdragelse er ikke å lage et slikt sted. Himmelrike er et sted uten tårer, sorg, tortur, og sykdom, hvor Han kan dele Hans overflodige kjærlighet med Hans barn i all evighet. Helvete er derfor nødvendig for å stenge inne de onde og de udugelige menneskene i all evighet – klinten.

Paulus' brev til Romerne 6:16 sier, *"Vet dere ikke at når dere byr dere frem for noen som tjener til lydighet, da er dere også*

Helvete

tjenere under den som dere så lyder, enten det er under synden til død eller under lydigheten til rettferdighet?" Selv om de kanskje ikke har visst om det, alle de som ikke lever etter Guds ord er slaver av synden og slaver til vår fiende Satan og djevelen. Her på jorden, er de kontrollert av fienden Satan og djevelen; etter døden vil de bli kastet inn i hendene på de onde åndene i helvete og motta alle slags straffer.

Gud belønner alle ifølge hva han/henne har gjort

Vår Gud er ikke bare kjærlighetens, barmhjertighetens, og godhetens Gud, men er også en rettferdig og rimelig Gud som belønner hver og en av oss ifølge våre gjerninger. Paulus' brev til Galaterne 6:7-8 sier:

Far ikke vill! Gud lar seg ikke spotte; for det som et menneske sår, det skal han og høste. For den som sår i sitt kjøtt, skal høste fordervelse av kjøttet; men den som sår i Ånden, skal høste evig liv av Ånden.

På den ene side, når du sår bønner og lovprisninger, vil du bli berettiget til å leve ifølge Guds ord med makt ifra himmelen, og din ånd og sjel vil bli laget godt. Når du sår med trofaste tjenester, alle dine deler – ånd, sjel, og kropp – vil bli styrket. Når du sår penger gjennom tiendedelen eller takknemlighets offringer, vil du bli velsignet mere økonomisk slik at du kan så mere for Guds kongerike og rettferdighet. På den annen side, når du sår ondskap, vil du bli tilbakebetalt det nøyaktige beløpet og omfatningen av din ondskap.

Selv om du er en troende, når du sår synder og lovløshet, vil du møte prøver. Derfor håper jeg at du vil bli opplyst og lære dette fakta med hjelp av den Hellige Ånd, slik at du kan motta evig liv.

I Johannes' evangeliet 5:28-29 forteller Jesus oss at *"Undre dere ikke over dette! For den time kommer da alle de som er i gravene, skal høre Hans røst, og de skal gå ut, de som har gjort ondt, til dommens oppstandelse."* I Matteus' evangeliet 16:27, lovte Gud oss *"For Menneskesønnen skal komme i sin Faders herlighet med sine engler, og da skal han betale enhver etter hans gjerning."*

Med upåklagelig nøyaktighet, gjennom Dommen belønner Gud de passende belønningene og fordeler passende straffer til alle ifølge hva han/henne har gjort. Om enten hvert individ vil dra til himmelen eller helvete er ikke opp til Gud men opp til hvert individ som har fri vilje, og alle vil høste hva de har sådd.

3. Gud Vil At Alle Mennesker Skal Motta Frelse

Gud anser en person som har vært skapt i Hans speilbilde og likhet viktigere enn hele universet. Gud vil derfor at alle mennesker skal tro på Jesus Kristus og motta frelse.

Gud jubler bare mere når en syndig angrer

Med hyrdens hjerte, han som søker rundt kuperte veier for en eneste tapt sau, selv om han har beskyttet ni og nitti andre sauer (Lukas' evangeliet 15:4-7), jubler Gud bare mere om bare en

Helvete

enste syndig angrer enn om de ni og nitti rettferdige menneskene som ikke trenger å angre.

Salmedikteren skrev i Salmenes bok 103:12-13, *"Så langt som øst er fra vest, lar han våre misgjerninger være langt fra oss. Som en far forbarmer seg over sine barn, forbarmer Herren seg over dem som frykter Ham."* Gud lovte også i Profeten Esaias 1:18 at *"Kom og gå i rette med hverandre. Deres synder er som purpur, skal de bli hvite som sne; om de er røde som skarlagen, skal de bli som den hvite ull."* Gud er selve lyset og i Ham er det ingen mørkhet. Han er også selve godheten, som hater synd, men når en synder kommer til Ham og angrer, vil ikke Gud ha hans synder i tankene. Istedenfor omfavner og velsigner Gud synderen i Hans ubegrensede tilgivelse og varme kjærlighet.

Hvis du forstår Guds utrolige kjærlighet bare litt, burde du behandle hvert individ med virkelig kjærlighet. Du burde ha medlidenhet med de som går mot ilden i helvete, be alvorlig for dem, dele de gode nyhetene med dem, og besøke de som har svak tro og styrke deres tro slik at de kan forholde seg sterke.

Hvis du ikke angrer

Paulus' 1. brev til Timoteus 2:4 forteller oss, *"[Gud] vil at alle mennesker skal bli frelst og komme til sannhets erkjennelse."* Gud vil ut av desperasjon at alle mennesker skal kjenne Ham, motta frelse, og komme dit Han er. Gud er ivrig etter å bare få en person reddet, og venter på at menneskene i mørket og synden skal komme til Ham.

Men selv om Gud har gitt mennesker mangfoldige muligheter til å angre, til den utstrekning at Han ofret Hans egen Sønn på korset, hvis de ikke angrer og dør, er det bare en mulighet igjen for dem. Ifølge den åndelige verden, vil de høste hva de har sådd og bli tilbakebetalt for hva de har gjort, og vil til slutt bli kastet inn i helvete.

Jeg håper at du innser denne utrolige kjærligheten og rettferdigheten til Gud slik at du kan motta Jesus Kristus og bli tilgitt. Det vil si, oppfør deg skikkelig og lev ifølge Guds vilje slik at du kan skinne akkurat som solen i himmelen.

4. Spre Evangeliet med Modighet

De som kjenner og virkelig tror på himmelen og helvetes tilværelse kan ikke hjelpe med å forkynne, fordi de kjenner Guds hjerte så altfor godt, og som vil at alle mennesker skal motta frelse.

Uten mennesker til å spre de gode nyhetene

Paulus' brev til Romerne 10:14-15 forteller oss at Gud lovpriser de som spredde de gode nyhetene:

> *Hvorledes kan de da påkalle den som de ikke tror på? Hvorledes kan de tro der de ikke har hørt? Hvorledes kan de høre uten at det er noen som forkynner? Hvorledes kan de forkynne uten at de blir utsendt? Som Skrevet er, "Hvor fagre deres føtter er*

Helvete

som forkynner fred, som bærer godt budskap!"

I Annen Kongebok 5, er det en fortelling om Na'aman, en av Kong Arams hærførere. Na'aman var sett på som en høy og adelig mann av hans konge fordi han hadde reddet hans land flere ganger. Han fikk berømmelse og rikdommer, og manglet ingen ting. Selv om Na'aman hadde spedalskhet. På den tiden var spedalskhet en uhelbredelig sykdom og ble sett på som en forbannelse fra himmelen, så Na'amans' dristighet og rikdommer var nå ubrukelig for ham. Til og med hans egen konge kunne ikke hjelpe ham.

Kan du forestille deg Na'amans hjerte som så på at hans kropp, som en gang hadde vært frisk, råtne og forfalle dag for dag? Videre ville til og med hans familiemedlemmer holde seg på avstand fra Na'aman, på grunn av at de fryktet at de også kunne bli smittet av sykdommen. Hvor maktesløs og hjelpesløs ville ikke Na'aman ha følt seg?

Allikevel hadde Gud en god plan for Na'aman, en ikke-jødisk hærfører. Det var en tjenestepike som hadde blitt fanget i Israel, som nå tjente Na'amans' kone.

Na'aman er helbredet etter at han hører på hans tjenestepike

Selv om tjenestepiken var en liten pike, visste hun hvordan hun skulle løse Na'amans' problem. Piken trodde at Elisa, en profet i Samaria, kunne helbrede hennes herres sykdom. Hun ga modig nyhetene om Guds makt uttrykked gjennom Elisa til hennes herre. Hun holdt ikke munnen, spesielt om noe som hun trodde veldig mye på. Etter at han hørte disse nyhetene, forberedte Na'aman offre med hans høyeste oppriktighet og dro for å se profeten.

Hva tror du skjedde med Na'aman? Han ble fullstendig helbredet av Elisa som hadde fått Guds makt. Han tilsto til og med, *"Nå vet jeg at det ikke er noen Gud på hele jorden uten i Israel"* (v. 15). Na'aman ble helbredet ikke bare av hans sykdom, men problemet med hans ånd ble også løst.

I denne fortellingen, sier Jesus til Lukas' evangeliet 4:27: *"Og det var mange spedalske i Israel på profeten Elisas tid, og ingen av dem ble renset, men bare syreren Na'aman."* Hvorfor kunne bare Na'aman den ikke-jøderske bli helbredet selv om det var mange andre spedalske i Israel? Det er på grunn av at Na'amans' hjerte var virkelig godt og ærbødig nok til å høre på andre menneskers råd. Selv om Na'aman var en hedning, gjorde Gud istand frelse for ham fordi han var en god mann, alltid en trofast hærfører for hans konge, og en tjener som elsket hans folk så mye at han kunne og ville frivillig gi hans liv for dem.

Men hvis tjenestepiken ikke hadde gitt beskjeden angående Elisas' makt til Na'aman, ville han ha dødd uten å blitt helbredet, og hadde heller ikke fått frelse. Livet til en adelsmann og verdig kriger kom an på hva denne lille piken sa.

Spre evangeliet med modighet

Akkurat som saken med Na'aman, er det mange mennesker rundt deg som venter på at du skal åpne munnen din. Selv her i livet lider de av mange av livets vanskeligheter og kommer seg

Helvete

nærmere helvete hver eneste dag. Hvor ynkelig ville det ikke bli hvis de ville blitt torturert i all evighet etter et slikt vanskelig liv her på jorden? Derfor må Guds barn modig gi evangeliet til slike mennesker.

Gud vil bli enormt lykkelig når, gjennom Herrens makt, mennesker som ellers skulle ha dødd mottok livet, og mennesker som led ble satt fri. Han vil også la dem få gode tider og være friske, og fortelle dem, "Du er mitt barn som fornyer min ånd." Dessuten vil Gud hjelpe dem med å få nok tro til å komme inn i den ærede byen det nye Jerusalem, hvor Guds Trone befinner seg. I tillegg til dette, ville ikke selve menneskene som hørte disse gode nyhetene og som hadde akseptert Jesus Kristus gjennom deg også bli takknemlige for hva du har gjort for dem?

Hvis menneskene på denne tiden ikke hadde hatt tro som var mektig nok til å bli frelst, ville de aldri hatt "en sjanse til" etter at de hadde havnet i helvete. Midt i den evige lidelsen og plagene, kan de bare angre og klage seg i all evighet.

For at du skulle høre evangeliet og akseptere Herren, var det uendelig ofring og engasjement blandt mangfoldige av troens forfedre, som hadde blitt drept med sverd, blitt til bytte for sultne forferdelige udyr, eller som hadde omfavnet martyrdøden for å bekjentgjøre de gode nyhetene.

Hva burde du så gjøre, nå som du vet at du har blitt reddet fra helvete? Du må gjøre ditt beste for å ta mange sjeler fra helvete til Herrens armer. I Paulus' 1. brev til Korintierne 9:16, apostelen Paulus erkjente hans kall med et brennende hjerte: *"For om jeg forkynner evangeliet, er det ikke noe å rose meg av; det er en nødvendighet som påligger meg; for ve meg om jeg ikke forkynner evangeliet!"*

Jeg håper at du vil gå inn i denne verden med Herrens brennende hjerte og frelse mange sjeler fra helvetes evige lidelse. Du har visst om det evige, redselsfulle, og elendige stedet kalt helvete gjenom denne boken. Jeg ber om at du må bli rørt av Guds kjærlighet, han som ikke engang vil miste en eneste person, hold deg på vakt i ditt egne kristne liv, og lever evangeliet til alle som trenger å høre på det.

I Guds øyne, er du kjærere enn hele verden og mere verdifull enn alt i universet til sammen, fordi du ble skapt i Hans speilbilde. Derfor må du ikke bli en slave til synden som motarbeider Gud og som ender opp i helvete, men bli Guds virkelige barn som spaserer i lyset, og som handler og lever ifølge sannheten.

Med samme gledelige verdighet som Gud hadde når Han skapte Adam, overvokter Han deg til og med i dag. Han vil at du skal oppnå det sanne hjerte, modne hurtig i troen, og oppnå hele målestokken av den fullstendige Kristus.

I Herrens navn ber jeg at du vil hurtig akseptere Jesus Kristus og motta velsignelsene og myndigheten som Guds elskede barn, slik at du kan spille rollen som saltet og lyset her i verden, og føre mangfoldige mennesker til frelse!

Forfatteren:
Dr. Jaerock Lee

Dr. Jaerock Lee var født i Muan, Jeonnam Provinsen, Republikken i Korea, i 1943. I tjueårene led Dr. Lee i sju år av mange forskjellige uhelbredelige sykdommer og ventet bare på å dø uten noe som helst håp om å bli bedre. Men en dag på våren 1974 ble han imidlertidig ført til kirken av hans søster, og når han knelte ned for å be, helbredet Gud alle hans sykdommer ham med det samme.

Fra dette øyeblikket hvor han hadde møtt den levende Gud gjennom denne vidunderlige erfaringen, har Dr. Lee elsket Gud med hele sitt hjerte og med all oppriktighet, og i 1978 ble han utpekt som Guds tjener. Han ba iherdig gjennom uttalige fastende bønner slik at han klart og tydelig kunne forstå Guds vilje, fullstendig fullføre den og adlyde Guds Ord. I 1982 startet han Manmin Sentral Kirken i Seoul, Korea, og her har det skjedd mangfoldige mirakuløse helbredelser, tegn og under.

I 1986 ble Dr. Lee presteviet ved den Årlige Forsamlingen til Jesus' Sungkyul Kirken i Korea, og fire år senere i 1990, begynte de å kringkaste gudstjenestene i Australia, Russland, og på Filippinene. Innen kort tid nådde de mange flere land gjennom Den Fjerne Østens Kringkastingsfirma, Asias Kringkastingsstasjon, og Washingtons Kristelige Radio System.

Tre år senere i 1993, ble Manmin Kirken valgt som en av "Verdens 50 Beste Kirker" av magasinet 'Christian World' (US) og han mottok en Æret Guddommelig Doktorgrad fra 'Christian Faith College' i Florida, USA, og i 1996 fikk han en Doktorgrad i filosofi fra Menigheten fra 'Kingsway Theological Seminary' i Iowa, USA.

Siden 1993 har Dr. Lee vært i spissen av verdens evangelisering gjennom mange utenlandske kampanjer i Tanzania, Argentina, L.A., Baltimore, Hawaii, og New York City i USA, Uganda, Japan, Pakistan, Kenya, og Filippinene, Honduras, India, Russland, Tyskland, Peru, Den Demokratiske Republikk i Kongo, Israel og Estonia.

I 2002 ble han kaldt "verdens vekkelsespredikant" av store Kristelige aviser i Korea for hans mektige menigheter i de forskjellige utenlandske kampanjene. Hans New York Kampanje i 2006' som ble holdt i Madison

Square Garden, som er den mest berømte arenaen i verden, var veldig spesiell. Begivenheten ble kringkastet til 220 nasjoner, og i hans 'Israelske Samlede Kampanje i 2009' som ble holdt i det Internasjonale Konferanse Senteret i Jerusalem, proklamerte han modig at Jesus Kristus er Messias og Frelseren.

Hans gudstjeneste er kringkastet til 176 nasjoner via satelitter inkludert GCN TV og han ble satt som en av de 10 Mest Inflytelsesrike Kristelige Ledere i 2009 og 2010 av det Russiske populære Kristelige bladet *In Victory* og det nye firma *Christian Telegraph* for hans mektige TV kringkatings menighet og utenlandske kirkemenigheter.

Fra og med april 2016, har Manmin Sentral Kirke en menighet på mer enn 120,000 medlemmer. Det finnes 10,000 søster kirker rundt omkring i verden inkludert 56 kirker innenlands, og opp til nå har mer enn 102 misjonærer blitt sendt til 23 land, inkludert United States, Russland, Tyskland, Canada, Japan, Kina, Frankrike, Kenya, og mange flere.

Opp til datoen av denne utgivelsen har Dr. Lee skrevet 104 bøker, inkludert bestselgerene *Å Smake på Det Evige Livet Før Døden, Mitt Liv Min Tro I & II, Korsets Budskap, Troens Målestokk, Himmelen I & II, Helvete, Våkn Opp Israel,* og *Guds Makt.* Hans' arbeidet har blitt oversatt til mer enn 76 språk.

Hans Kristelige spalter står skrevet i *The Hankook Ilbo, The JoongAng Daily, The Chosun Ilbo, The Dong-A Ilbo, The Seoul Shinnum, The Hankyoreh Shinmun, The Kyunghyang Shinnum, The Korea Economic Daily, The Korea Herald, The Shisa News,* og *The Christian Press.*

Dr. Lee er for tiden lederen av mange misjonærorganisasjoner og forbund. Stillinger inkluderer: Formann, The United Holiness Church of Jesus Christ; Bestående President, The World Christianity Revival Mission Association; Grunnlegger & Viseformann, Global Christian Network (GCN); Grunnlegger & Viseformann, World Christian Doctors Network (WCDN); og Grunnlegger & Viseformann, Manmin International Seminary (MIS).

Andre prektige bøker fra den samme forfatteren

Himmelen I & II

Et detaljert utdrag av de forferdelig flotte omgivelsene som de himmelske innbyggerne nyter og vakker beskrivelse om forskjellige nivåer av de himmelske kongerikene

Korsets Budskap

Et mektig og oppvekkende budskap for alle menneskene som sover åndelig! I denne boken vil du finne grunnen til at Jesus er den eneste Frelseren og Guds virkelige kjærlighet.

Å Smake På det Evige Livet Før Døden

En attesterende biografi av Dr. Jaerock Lee, som ble nyfrelst og reddet fra dødens skygge, og som har levet et perfekt og eksemplarisk kristelig liv.

Ånd, Sjel og Kropp I & II

En reisehåndbok som gir oss åndelig forståelse angående ånden, sjelen, og kroppen, og som hjelper oss å finne hva slags 'ego' vi har laget, slik at vi kan få makten til å seire over mørket og bli et åndelig menneske.

Troens Målestokk

Hva slags oppholdssted, kroner og belønninger blir forberedt for deg i himmelen? Denne boken gir deg visdom og veiledning slik at du kan måle din tro og kultivere den beste og mest modne troen.

Våkn Opp Israel

Hvorfor har Gud holdt øye med Israel helt fra verdens begynnelse og til denne dagen? Hva slags forsyn har Han forberedt for Israel de siste dagene, de som venter på Messias?

Mitt Liv, Min Tro I & II

Den vakreste åndelige duften fra livet som blomstret sammen med en uforlignelig kjærlighet for Gud, midt i de mørke bølgene, kalde åkene og de dypeste fortvilelsene.

Guds Makt

Dette er noe som en må lese og som gir oss en nødvendig veiledning hvor en kan ha sann tro og erfare Guds vidunderlige makt.

www.urimbooks.com

www.ingramcontent.com/pod-product-compliance
Lightning Source LLC
LaVergne TN
LVHW011946060526
838201LV00061B/4234